〈ニッポン〉のオリンピック

日本はオリンピズムとどう向き合ってきたのか

小路田泰直／井上洋一／石坂友司 編著

和田浩一／小石原美保／井上 俊／坂上康博／内田隆三／阿部 潔／菊 幸一

青弓社

〈ニッポン〉のオリンピック——日本はオリンピズムとどう向き合ってきたのか／目次

第2部　日本とオリンピズムの出合い

第5章　柔道思想とオリンピズムの交錯
——嘉納治五郎の「自他共栄」思想

装丁――神田昇和

序章　オリンピズムを問うことの現代的意義

井上洋一

はじめに

日本時間で二〇一三年九月八日の早朝、ジャック・ロゲ国際オリンピック委員会（以下、IOCと略記）会長が“TOKYO”と告げた瞬間、アルゼンチン・ブエノスアイレスに駆け付けていた日本の招致団はたいへんな歓喜に包まれた。その後のテレビ報道では、総会でのこの開催地決定場面の映像が何度も繰り返し流された。あたかもスポーツの世界選手権団体戦、その大舞台で念願の優勝でもしたかのようなシーンがそこにはあった。その知らせを受け、国内でも招致成功の喜びが各方面に広がっていく。二〇二〇年にオリンピック・パラリンピック[1]が日本にやってくる。この先に明るい未来が見えているような、お祭りに期待を膨らませる感覚が広がっていく。

なぜそれほどまでに、オリンピック・パラリンピック競技大会の開催が期待されたのだろうか。私たちにすばらしい何かをもたらしてくれるのだろうか。

期待の声が高まる一方で、その後は混乱が続いた。施設などの建設費の著しい膨張、決まっているかに見えた新国立競技場の建設見直し、エンブレムの盗用疑惑、そして会場の選定や近隣各県の負担などの問題が噴出する。招致段階での計画書の提案は、いったい何だったのだろうかと疑念をもたざるをえない。夢を描いたものに次々と水を差すような問題が明らかになり、至るところで混乱が生じている。

東京二〇二〇オリンピック・パラリンピック大会の開催が、日本の未来に、そしてそこに住む私たちの未来に本当に豊かな何かを生み出すのだろうかという先の疑問はますます大きくなる。

振り返れば、「幻の東京オリンピック」として知られ、戦争で返上することになった一九四〇年大会を含めれば、今回で三回目の東京大会招致決定となった。開催できなかった四〇年大会は、関東大震災からの復興と、国家として急成長を遂げた姿を世界に知らしめる場と位置づけられていた。六四年大会は、高度成長のさなかにあって、戦後復興を成し遂げた日本を全世界にアピールし、結果としてその後の日本社会を方向づける重要な大会になったといわれる。そして二〇二〇年大会は東日本大震災に見舞われた年に立候補したこともあり、震災オリンピックと銘打たれ、震災からの復興を示す大会として位置づけられている。

なぜこれほどまでに日本はオリンピックを必要とするのだろうか。三つのオリンピック招致からは、戦争・震災などからの復興が大義名分として掲げられ、単に何かの手段として位置づけられた様相が浮かび上がる。

そもそもオリンピックはどのような目的で創始され、現代に受け継がれているのだろうか。創始者ピエール・ド・クーベルタンは、近代スポーツの発展とそれを通じた身体教育の重要性を説き、オリンピックの哲学とも呼ぶべきオリンピズムを提唱した。また、古代ギリシャでおこなわれていたオリンピア祭典に重ねて、近代のオリンピックに世界平和の夢を託したとされる。オリンピック開催を目前に控えた日本では、これらクーベルタンが掲げたオリンピックの理想＝オリンピズムをどの程度理解できているのだろうか。招致が決まってからというもの、多くの問題が噴出し迷走していることに象徴されるように、日本社会の無責任体質が露呈し続け、震災復興とオリンピックの関係性はほとんど薄れているようにもみえる。

そこには都市開発に期待をかける経済界の思惑や政治的な期待ばかりが透けて見え、オリンピック開催の意義を理念的に問う声はかき消されているようにも映る。

オリンピックの開催については、時代背景とともにその取り上げ方もさまざまに変化があり、今日では賛否両論がどの国でも湧き上がる。しかしながら、その反対論があるなかでも、近代オリンピック競技大会は百二十年以上継続して開催されてきたという紛れもない事実がある。国の政治体制、主義主張が異なる国際社会で、民間団体が主催する祭典がなぜこのように世界的に受け入れられ継続できたのか、やはりそこには、何やら（不思議な）魅力をもった普遍的な大義が存在すると多くの人間が信じ込んでいるからだろう。そのことを私たちはオリンピックの精神すなわちオリンピズムとして、その価値を認めてきたのではないか。百二十年を超える歴史のなかで現在の姿がある。

そこで本書では、そもそもオリンピックがどのような理念をもって開催されてきたのか、創始者クーベルタンの思想に学びながら、オリンピズムをどのように日本社会が受け入れ、発展的に継承されてきたのかについて、歴史学的・社会学的に考察したい。それは、これから開催されるオリンピックの意義をあらためて問い返し、私たちがオリンピックを通じてどのような社会を目指していけるのか、その道標になると考えるからである。

1 オリンピックそしてオリンピズムを考える

これまでの経緯

二〇一三年九月、東京二〇二〇オリンピック・パラリンピック大会の開催が決定されて以来、オールジャパンで盛り上げていこうという動きがさまざまなところで生じてくる。この動きは、大学でも例外ではない。国内の大学も、このオールジャパン挙国体制とでもいうべき流れのなかで、開催への協力とともに、各大学独自の取り組みができないかが問われてきた。反応はかなり大きくなり、二〇一七年十月一日段階では、東京二〇二〇オリンピック・パラリンピック大会の組織委員会と連携した大学数は、約八百校にも及んでいる。(2)

編者らは、二〇一三年に東京二〇二〇オリンピック・パラリンピック大会が決定した直後から、オリンピックに関して学問的な問いを歴史的経緯をふまえ設定し、主として歴史学・社会学の立場から検討してみたいと考え、毎年シンポジウムを企画し開催してきた。(3) その一つの結実として本書を構想している。

本書の構成

ここで、簡単に本書の構成を紹介しておきたい。

まず、「第1部　オリンピズム誕生と創始者クーベルタンの夢」では、近代オリンピックの生みの親であるクーベルタンを取り上げ、オリンピックの創出、クーベルタンの思想、そしてオリンピック・ムーブメントの理念の内実を時代的背景などとともに検討する。そこでは、早い時期から当初の理念からの逸脱や誤解も生じていたこと、その逸脱を感じてきたクーベルタン自身が現状に失望し苦悩していたこと、新しい教育運動を模索していたことを示す（和田浩一「第1章　近代オリンピックの創出とクーベルタンのオリンピズム」）。

さらに、二十世紀初頭の日本でもスポーツを愛好する文学者たちの活動があったことに注目し、クーベルタンのオリンピズムに呼応するような文学者たちの動きについて、クーベルタンの母国フランスと日本を相似するものとして記している。精神の解放と身体の自由をスポーツに求めたという点で、この時代のスポーツと文学の接近を指摘している（小石原美保「第2章　クーベルタンのオリンピズムとスポーツ文学――二十世紀初頭のフランスと日本におけるスポーツと文学の接近」）。

次に、「第2部　日本とオリンピズムの出合い」では、日本がオリンピックをどのように受容していったのかについて、オリンピックへの選手派遣組織である大日本体育協会を創設し、国民体育の普及・発展を目指した初代会長の嘉納治五郎に着目している。戦前の日本のスポーツ界とオリンピックについて、特に、嘉納から岸清一、副島道正といった組織の中心人物がどのように関わっていたのかを考察する。すなわち、スポーツ界の国家への接近と、一方でオリンピックによる政治的中立性を標榜する様子を日本のスポーツ組織発展の歴史的一側面として明らかにしている（石坂友司「第3章　戦前のスポーツ界の足跡――オリンピック初参加から幻に至るまで」）。

加えて、嘉納が提案した「精力善用国民体育」の内容と講道館柔道との関係、国民体育の構想とオリンピズムとの関連、そして国民体育をめぐるイデオロギー状況などを本論文では検討している。嘉納も当時の「皇室尊崇」「国体擁護」といった支配的スローガンへの接近がみられるものの、オリンピック運動への関与に伴う国際的な経験と視野の広さが、その支配的方向性に対して、ある程度踏みとどまらせる力になっていたことを論じる（井上峻「第4章　嘉納治五郎の国民体育構想とオリンピズム」）。

さらに第5章では、嘉納のオリンピズムと自他共栄思想の関係について、その二つの考え方を包含する嘉納思想の全体的な特徴をふまえながら検討している（坂上康博「第5章　柔道思想とオリンピズムの交錯――嘉納治五郎の「自他共栄」思想」）。

そして、「第3部　戦後の日本社会と東京、オリンピズム」では、まず、一九六四年の東京オリンピックの意味や位置を精神史という視点で分析し、日本と日本人にとってのオリンピックを問題にしている。そこには高度経済成長、オリンピックの開催という明るく華やかなイメージが付与される一方で、戦争の時代、復興の時代が幻のように付きまとっていることを指摘している（内田隆三「第6章　成長の時代の幻像——精神史としての東京オリンピック」）。

第7章では、戦後の高度経済成長を受けて迎えた一九六四年東京大会は、日本の現代史のなかで成功物語として「神話」化されているようにみえるとし、現在の二〇二〇年東京大会について圧倒的多数の日本人は「消極的な賛成の意を示しているにすぎない」といったシニシズム的状況を日本の独特な傾向として分析している（阿部潔「第7章「2020」から「1964へ」——東京オリンピックをめぐる〈希望〉の現在」）。

さらに、第8章ではわが国の体育やスポーツの歩みをふまえ、ポスト・オリンピックすなわち祭りのあとに訪れる状況を憂うものとして想定し、スポーツと社会の行方について、課題や方向を論じる（菊幸一「第8章　ポスト・オリンピックの憂鬱——日本のスポーツと社会の行方」）。

最後に終章では、クーベルタンがオリンピックを構想する当時の国際的状況を世界戦争の危機の時代として捉え、エミール・デュルケームを引きながら日本の政治的状況を検討する。歴史的事実とは矛盾するものの、オリンピックが戦争回避の手段の一つとして要請されたことの必然性を論じる（小路田泰直「終章　オリンピックの誕生と世界戦争の危機」）。

クーベルタンが発想したオリンピック、または思想としてのオリンピズムをわが国では、その時代のときどきでどのように受け取ってきたのだろうか。またどのように解釈し、変容させてきたのだろうか。これらの問いに対し、各章の専門的角度からの論考が何らかの答えを導き出すヒントを与えてくれるだろう。

2　オリンピズムの現代的意義

オリンピック憲章からみるオリンピズム

①憲章の法的位置づけ

さて、ここでオリンピック憲章とその理念であるオリンピズムの意味するところを少し整理しておきたい。そのためにまず、オリンピック憲章そのものの位置づけを確認することにしたい。周知のように、オリンピック憲章は一九一四年に起草され、二五年頃に文章の形が整ったものである。その後四八年に「オリンピック規約・規則」と改称されたのちに、七八年にオリンピック憲章という名称に再び改められている。現在ではオリンピック運動、IOCの地位や組織、国内オリンピック委員会や競技大会、そして制裁や紛争解決などについてまで規定するもので、まさに一つの法典のようなものとしてみることができる。

では、法的にはどのように位置づけられるだろうか。この憲章は、国際的なスポーツ団体の規定であり、多国間の条約に基づく国際法規範ではない。したがって厳密な意味では国際法としての要件はそなえていない。しかしながら、IOCもスイスの民法上認められた法人として、また国際的なスポーツの統括団体として二百を超える国や地域の国内オリンピック委員会（以下、NOCと略記）を加盟団体としてもつ民間団体であり、公的な機関とかなり密接な関係性を持っている。そのうえ多くの国や地域では、このNOCが直接、間接にスポーツ政策を管轄していることを考えると、国際スポーツ共同体の法として、事実上国際スポーツ法として機能していると考えられる。[4]

② 根本原則から見たオリンピズムの内実

すでに述べたように、オリンピック憲章も年月を経て形式を変えながら現在に至っているが、そこから抽出できるオリンピズムの核心は何だろうか。今日、このオリンピックの精神といわれるオリンピズムを最も端的に表しているものは、オリンピック憲章のうちの根本原則の部分である。最新のオリンピック憲章（二〇一六年八月二日から有効）の根本原則[5]をみてみよう。

根本原則

1、オリンピズムは肉体と意志と精神のすべての資質を高め、バランスよく結合させる生き方の哲学である。オリンピズムはスポーツを文化、教育と融合させ、生き方の創造を探求するものである。その生き方は努力する喜び、良い模範であることの教育的価値、社会的な責任、さらに普遍的で根本的な倫理規範の尊重を基盤とする。

2、オリンピズムの目的は、人間の尊厳の保持に重きを置く平和な社会の推進を目指すために、人類の調和のとれた発展にスポーツを役立てることである。

3、オリンピック・ムーブメントは、オリンピズムの価値に鼓舞された個人と団体による、協調の取れた組織的、普遍的、恒久的活動である。その活動を推し進めるのは最高機関のＩＯＣである。活動は五大陸にまたがり、偉大なスポーツの祭典、オリンピック競技大会に世界中の選手を集めるとき、頂点に達する。そのシンボルは五つの結び合う輪である。
4、スポーツをすることは人権の一つである。すべての個人はいかなる種類の差別も受けることなく、オリンピック精神に基づき、スポーツをする機会を与えられなければならない。オリンピック精神においては友情、連帯、フェアプレーの精神とともに相互理解が求められる。
5、スポーツ団体はオリンピック・ムーブメントにおいて、スポーツが社会の枠組みの中で営まれることを理解し、自律の権利と義務を持つ。自律には競技規則を自由に定め管理すること、自身の組織の構成と統治について決定すること、外部からのいかなる影響も受けずに選挙を実施する権利、および良好な統治の原則を確実に適用する責任が含まれる。
6、このオリンピック憲章の定める権利および自由は人種、肌の色、性別、性的指向、言語、宗教、政治的またはその他の意見、国あるいは社会のルーツ、財産、出自やその他の身分などの理由による、いかなる種類の差別も受けることなく、確実に享受されなければならない。
7、オリンピック・ムーブメントの一員となるには、オリンピック憲章の遵守およびＩＯＣによる承認が必要である。

これら七項目の根本原則をあらためて読み直してみると、崇高で道徳的要素が強い人間の生き方や相互理解、また基本的行動様式を求める理想的理念が詰まっていて、そのムーブメントは社会教育運動ともいえるだろう。これらの項目から抽出できる理念は、教育中心主義、平和主義、国際主義、平等主義などと捉えられ、まさに、人間教育、国際平和、人権に重きを置く思想である。

この現行の根本原則から読み取れるオリンピズムには、クーベルタンが構想した初期からの若者への教育と平和、国際協調を重視する基本的思想に加え、世界人権宣言など国際的動向の影響を受けて、オリンピック憲章のうちに形は変えながらも新たな思想が付加されてきた。それらは人権、環境問題、持続可能性、共生社会などの言葉にみられるように、その時代の要請を取り込みながら、その意味内容を広げてきている。このこと自体が、オリンピック運動の拡大でもある一方で、オリンピックを継続させていくために、つまり国際的な理解や支持を得て継承・発展していくための重要な方策でもあったのだろう。(6)

レガシーの（強要的）模索

今回の二〇二〇年東京大会開催決定後、オリンピックレガシーという言葉がずいぶん聞かれるようになった。オリンピック・ムーブメントが一つの社会教育運動であるとすれば、未来の社会に何らかのよき影響を与え、根付かせていくことが求められるだろう。このレガシーという言葉もＩＯＣを中心に、比較的近年になって使われてきた用語である。

国や東京都にとっては、税金からの大きな支出になるために、将来のよき青写真を提示することが求められる。まさに巨額の公金支出に見合う政策的理由を明確に示さなくてはならない。二〇一五年四月には文部科学省が「オリンピック・パラリンピックレガシーの創出にむけた文部科学省の考えと取り組み――二〇二〇年東京オリンピック・パラリンピック競技大会を契機としたレガシー創出の最大化」――いわゆる「Beyond2020」を、そして一五年十二月に東京都は、「二〇二〇年に向けた東京都の取り組み――大会後のレガシーを見据えて」を、さらに一七年七月には、東京オリンピック・パラリンピック競技大会組織委員会（TOCOG）が「アクション&レガシープラン二〇一七」を発表している。

文科省の「Beyond2020」では、文科省の考えとして、〝みんなでレガシーの創出を全国津々浦々で最大化するとともに被災地の復興を後押し〟するものとして、スポーツ、カルチャー、イノベーション、ヒューマン、ユニバーサルの視点から次世代への贈り物としてレガシーを構想している。(7)

東京都は「二〇二〇年に向けた東京都の取り組み」で、ハード面の充実とともに、日常生活に溶け込み誰もが生き生きと豊かに暮らせること、感動と記憶、文化都市、多様性・共生、環境に配慮、持続可能性、経済効果、被災地の復興の八つのテーマを掲げている。(8)

そして、東京オリンピック・パラリンピック競技大会組織委員会は、〝スポーツには世界と未来を変える力がある。東京二〇二〇大会をきっかけに、東京、日本そして世界をよりよくし、聖火リレーのように、次代を担う子供たちにその灯を手渡したい〟として、二〇二〇年以降も含め、日本や世界全体に対し、スポーツ以外も含めたさまざまな分野でポジティブなレガシーを残すために、「スポーツ・健康」「街づくり・持続可能性」「文化・教育」「経済・テクノロジー」「復興・オールジャパン・世界への発信」を五本柱としている。(9)

これら文科省、東京都、東京オリンピック・パラリンピック組織委員会のレガシーの考え方をみると、ずいぶんと総花的で、欲張りな項目にもみえる。日本の、そして東京の目先の経済利益を求めすぎていないだろうか。開催にあたっては、いつの時代も、どこの国でもそこに住む人々にとって有益であることは重要な事柄だが、この世界共通の文化としてのオリンピック開催を思うとき、人類の未来のための、そして世界のためという発想がもう少し強調されていいのではないだろうか。成熟した都市東京を中心として二度目の開催を強調するのであれば、なおさらのことだろう。

おわりに――いまオリンピズムを問うことの意義

このようにみてくると、日本人のオリンピックやオリンピズムへの理解はこれまで十分だったのだろうかという問いには、残念ながらノーと答えざるをえない。多くの日本の人々は、オリンピックをあこがれの場所として、また世界のトップアスリートの特別な競技大会として受け取り、自国の選手の活躍だけに注目し、国別のメダル数に一喜一憂するショーとして捉えてきたのではないだろうか。その裏側にある大切な理念の中身を、あまり考えることがないままに受容してきたと思われるのである。過去のオリンピックやオリンピズムを理想化しすぎるあまり、その内実は社会に十分公知されず、理念はただぼんやりと受け取られてしまい、表面的なエンターテインメントの最高峰としての楽しみばかりが強調されてきたのではないだろうか。そのような歴史的状況のなかで、いま東京二〇二〇オリンピック・パラリンピック大会のあとに何を残すのか、国内外に向けて何を発信していくのかという議論が急に進みつつあることを考えると、オリンピズムはより社会教育的視点で捉え直され、教育を基盤にして再構成されるべき事柄でもあるだろう(10)。

一方、今日の国際社会に目を移すと、多様性の尊重や国際協調の考えとは逆に、自国第一主義の方向性が近年特に顕著である。アメリカをはじめ、ヨーロッパでも自国主義、保護主義を掲げる大統領や党首たちが政治の世界では一定の支持を集め、世界的な動静が注目されている。日本を含む東アジア各国間の政治、外交などの問題もまた緊迫している。こうした現実をどのように捉えたらいいのだろうか。理想と現実とのはざまで、これらの大きな課題に解決の道筋をつけていくことは容易ではない。しかしながら、そのようないまだからこそ、教育中心主義、平和主義、国際主義、平等主義に基づくオリンピックの精神であるオリンピズムを、国際協調、人権擁護、そして調和がとれた発展を促すものとして捉え、その輝きをより増すものとして再評価する必要があるのではないだろうか(11)。

また、オリンピックでも、かねてから指摘されてきた勝利至上主義や商業主義の行き過ぎをめぐる問題がある。しかもそれだけでなく、現在、その肥大化が主たる原因になっているオリンピック大会の開催そのものが危ぶまれている(12)。それに対して、ＩＯＣもこの難題にアクセシビリティ、サステナビリティ、インテグリティなどのいくつかの新たな視点を取り込むことで対応しようとしている(13)。

クーベルタンが初期に発想したオリンピック理念、すなわちオリンピズムと、これまでに日本が受容してきたオリンピズムはどのように受け取られてきたのか。そして、その後、どのように理解され、解釈されながら変容してきたのか、そして、未来のオリンピック、オリンピズムの行方をどのように示していくのかをいま考えることは大いに意味がある。オリンピックのありようとともに、オリンピズムの本質ともいうべき人々の生き方の創造に新たな内容を書き込んでいくこと、それらを考える基盤として、本書がなんらかの意味をもつことを期待したい。

オリンピズムを問うことは、その対極にある主義や考え方と対置し、人間の生き方や行動様式、そして理想的な社会の実現を考えることである。オリンピック大会やオリンピック・ムーブメントを通して、人類に課せられた永遠のテーマであるこれらの問いを続けることこそが私たち人間にとって最も価値があることなのかもしれない。

注

（1）今日、オリンピックとパラリンピックは、競技大会としても関連を持ちながら連続しておこなわれ、「東京二〇二〇オリンピック・パラリンピック競技大会」といった用語としても使われるようになっている。しかし過去の事例として表記する場合、「オリンピック」の用語が使われている。

（2）公益財団法人東京オリンピック・パラリンピック競技大会組織委員会（https://tokyo2020.jp/jp/get-involved/university/）［二〇一七年十月十一日アクセス］

（3）奈良女子大学では、二〇二〇年の東京オリンピック・パラリンピック大会開催が決まった直後の一三年十一月に、シンポジウム「二〇二〇東京オリンピック・パラリンピックを問う」を開催した。のちに各大学でも各種企画、イベントなどが催されるなか、学術的な貢献を目指し、体育・スポーツ領域の枠を超えて、歴史学・社会学の分野の研究者に協力を依頼し、年一回ペースで合計四回のシンポジウムを継続してきた。この企画は、当初から今岡春樹学長の積極的な支援を得て、またスポーツ健康科学コースの教員スタッフにも協力をしてもらった。多様な考えを尊重しながら進めたシンポジウムは、幸いにも参加者から高い評価を受けることができ、本書出版のきっかけになった。これら多くの方々に協力していただき、かつ著名な研究者にシンポジウムから出版まで参画していただいたことは大きな喜びであり、あらためて感謝したい。報告書には、以下のものがある。第二回奈良女子大学オリンピック・公開シンポジウム採録「オリンピックの創出とクーベルタンのオリンピズムを問う」「奈良女子大学スポーツ科学研究」第十七巻、奈良女子大学生活環境学部スポーツ健康科学コース、二〇一五年、四七―七九ページ、第三回奈良女子大学オリンピック・公開シンポジウム採録「嘉納治五郎が構想したオリンピック――日本におけるオリンピズムの受容と展開」「奈良女子大学スポーツ科学研究」第十八巻、奈良女子大学生活環境学部スポーツ健康科学コース、二〇一六年、八七―一一七ページ。なお、シンポジストの一人・黒須朱莉氏の以下の論考も参照されたい。黒須朱莉「近代オリンピックの理想と現実――ナショナリズムのなかの愛国心と排他的愛国主義」、石坂友司／小澤考人編著『オリンピックが生み出す愛国心――スポーツ・ナショナリズムへの視点』所収、かもがわ出版、二〇一五年、八六―一一五ページ

（4）永石啓高「オリンピック憲章の規範性――国際スポーツ法、国際スポーツ共同体法としてのオリンピック憲章」「日本スポーツ法学会年報」第一号、日本スポーツ法学会、一九九四年、二〇七―二一七ページ、石堂典秀「国際オリンピック委員会（ＩＯＣ）の法的地位」、石堂典秀／大友昌子／木村

華織／來田享子編著『知の饗宴としてのオリンピック』所収、エイデル研究所、二〇一六年、一二一―五〇ページ

（5）「ＩＯＣオリンピック憲章」財団法人日本オリンピック委員会訳（http://www.joc.or.jp/olympism/charter/pdf/olympiccharter2016.pdf）［二〇一七年十月十五日アクセス］

（6）例えば、基本原則（FUNDAMENTAL PRINCIPLES）がＩＯＣ憲章に掲げられるのは、ＩＯＣのサイトで確認できるかぎり一九五五年のものからであり、このことは世界人権宣言等を受けての記述と考えられる。また、平等主義（反差別主義）について、來田享子は、根本原則で「差別を容認しない」記述が現れたのは一九四九年版が初めてと指摘し、その後大きく改訂されるのが一九九一年版としている。そして、これらの記述の変遷を国際的な条約や会議との開催と比較し、的確に示している。來田享子「オリンピック・アジェンダ二〇二〇を読む――東京大会には何が求められているか」、前掲『知の饗宴としてのオリンピック』所収、一七六―二〇六ページ

先見的な国際条約などからは少し遅れてはいるが、国際的課題をオリンピック憲章に取り込むことで、オリンピズムの内実を変化させてきたことの証しであり、オリンピックそのものを継続させるための重要な意思表示となっているものと思われる。

（7）特に、スポーツについての直接的な項目、スポーツ立国の実現のためという部分では、第一に①国内外へのオリンピック・パラリンピックの精神の浸透、②健康志向の高まりや地域のスポーツの活性化が及ぼす好影響、③トップアスリートの国際競技力向上、④アスリートの社会的・国際的地位やスポーツ界全体の透明性・公平性の向上、⑤パラリンピックを契機とする人々の意識改革・共生社会の実現などの取り組みがあげられている。文部科学省（二〇一五年四月十日）「オリンピック・パラリンピックレガシーの創出にむけた文部科学省の考えと取り組み――二〇二〇年東京オリンピック・パ

ラリンピック競技大会を契機としたレガシー創出の最大化（Beyond2020）」

（8）東京都「二〇二〇年に向けた東京都の取り組み——大会後のレガシーを見据えて」二〇一五年

（9）東京オリンピック・パラリンピック競技大会組織委員会（二〇一七年七月）「アクション&レガシープラン二〇一七」

（10）世界に誇ることができる体育授業が展開されているともいえるわが国で、運動文化であるオリンピックの意味や歴史、背景、理念については、教育のなかでもあまりふれられてこなかったように思われる。このことは、体育教育の大きな反省点ともいわざるをえない。もっとも、日本オリンピックアカデミー（JOA）のような活動がなかったわけではないが、学校教育を離れて一般の社会への発信力も残念ながら大きくならなかった。ただし、今回の東京二〇二〇オリンピック・パラリンピック大会に向けては、「オリンピック・パラリンピック教育に関する有識者会議」が組織され、オリンピック・パラリンピック教育の推進に向けて最終報告がすでに出されていて（二〇一六年七月二十一日）、この具体的な活動が注目される。

（11）イギリスの政治家・外交官でオリンピック選手そしてのちにノーベル平和賞を受賞したフィリップ・ノエルベーカーは、かつて、「この核の時代に、人間にとって大きな希望は、オリンピック運動があるということだ」という言葉を残している。伊藤公『オリンピックの本——希望の祭典を永遠に』サイマル出版会、一九八六年

また、IOCのトーマス・バッハ会長は二〇一七年九月、国連総会が古代五輪の伝統にのっとり、「五輪休戦」の決議を採択することを希望していると報道されている（「朝日新聞」二〇一七年九月十三日付）。

（12）運営規模の肥大化、開催費用の高額化によって、各都市でも反対運動がおこり、住民投票でも反対

派が上回ることで開催を断念するところが増え、開催候補地が少なくなってきた（二〇二四年大会の候補だったローマ、ハンブルグ、ブダペストは取り下げ）。

二〇一七年九月のIOC大会では、従来のオリンピック憲章で規定しているルールを変更し、二四年（パリ）とともに二八年（ロサンゼルス）の開催地までを先に決定するという離れ業を使った。

（13）IOCは現在、アクセシビリティ、サステナビリティ、インテグリティなどのいくつかの新たな視点をあげるとともに、エクセレント、フレンドシップ、リスペクトなどをオリンピックの価値としてさらに掲げることで、ユースオリンピックの開催など若年層へのはたらきかけもおこなっている。

参考文献

小川勝『東京オリンピック――「問題」の核心は何か』（集英社新書）、集英社、二〇一六年
スポーツ史学会三十周年記念事業委員会「スポーツ史からオリンピックの未来をみる――二〇一六から二〇二〇へ」、スポーツ史学会、二〇一七年、一六七―二〇四ページ
山本徳郎「わたしたちと近代の体育・スポーツ――「二一世紀オリンピズム」を求めて」、山本徳郎／杉山重利監修、阿部生雄／山田理恵／榊原浩晃編著『多様な身体への目覚め――身体訓練の歴史に学ぶ』所収、アイオーエム、二〇〇六年
和田浩一「クーベルタンが考えたオリンピズム」「体育史研究」第三十三号、体育史学会編集委員会学会事務局、二〇一六年、三三―三九ページ

第1部　オリンピズム誕生と創始者クーベルタンの夢

第1章 近代オリンピックの創出とクーベルタンのオリンピズム

和田浩一

はじめに

現在、近代オリンピックの意義が強く問われている。開催都市にのしかかる巨額の財政負担の問題や、ボイコットやテロといった政治的な問題、競技施設の後利用の問題、ドーピングや八百長などのスポーツ倫理の問題、商業主義とスポンサーに関する問題など、こうした問題は枚挙にいとまがない。

ところで、日本で四回目となる大会を準備し、二〇二〇年以降のオリンピック・ムーブメントにも一定の責任を負うことになった私たちは、一筋縄ではいかないこれらの諸問題を前にして、何をなすべきなのだろうか。逆に言えば、私たちはこれまで何をしてこなかったのだろうか。

それは、「近代オリンピックとは何か」をその原点にさかのぼって問い直すことである。そしてその原点とは、オリンピズムというオリンピックの理念と、この理念を作ったピエール・ド・クーベルタン（一八六三―一九三七）の思想と行動とにほかならない。

残念ながら日本には、オリンピズムなるものを議論するだけの十分な土壌はなかった。その最も大きな要因の一つに、クーベルタンの思想を積極的に共有しようとしてこなかった、日本の体育・スポーツ界のオリンピックに対する姿勢がある。現在、図書館で手に取ることができる日本語に訳されたクーベルタンの著書は、一九六四年東京大会を前に出版された『オリンピックの回想』(1)（大島鎌吉訳、ベースボール・マガジン社、一九六二年）だけである。その後、日本オリンピック委員会（Japanese Olympic Committee。以下、ＪＯＣと略記）をはじめとする日本の体育・スポーツ界は、一九七二年の札幌大会と九八年の長野大会とを経験したが、二〇二〇年東京大会まで三年を切っているという状況を前にしてもなお、クーベルタンの思想を日本語で紹介するという知的な行動を起こしていない。(2)

しかしこのような状況に、わずかながらも変化の兆しが見えてきた。東京都教育委員会は、オリンピック・パラリンピック教育の学習補助教材として作成した学習読本と映像教材（いずれも二〇一六年）のなかで、オリンピズムとはクーベルタンが描いた近代オリンピックの理想だと説明した。これは二つの面で注目に値する。一つ目は、国語辞典の見出しにはないオリンピックの専門用語をクーベルタンの思想とあわせて説明したという教育内容の面で、二つ目は学習読本が都内のすべての国公私立小学校四年生以上の全児童・生徒に、また映像教材が都内の全公私立学校に配布されたという教育機会の拡大(3)という面である。

本章では、オリンピズムをめぐる日本のこれまでの状況と小さな変化の兆し(4)を背景に、近代オリンピックの意義を理念的に問い直す際に必要となる共通の土台を作り、本書のこのあとの議論につなげることにしたい。

1 オリンピックの仕組みとクーベルタン

「オリンピック憲章」が規定するオリンピックの仕組み

「オリンピック憲章」はオリンピックに関わる組織や活動内容、運用の基準や条件などを記した、いわばオリンピックの憲法あるいはルールブックに相当する(九ページ)(5)。以下、二〇一六年八月二日発効の最新版で、本章の主役であるオリンピズムと創設者であるクーベルタンが、近代オリンピックの仕組みのなかでどのように位置づけられているのかを簡単に確認しておこう。

オリンピックのルール説明に入る前の「前文」で、まず「近代オリンピズムはピエール・ド・クーベルタンによって考案されたものである」(一〇ページ)と宣言されている。この宣言に続き、オリンピズムとオリンピック・ムーブメント、オリンピック大会、IOCの関係が、「オリンピズムの根本原則」の三に示されている。

オリンピック・ムーブメントは、オリンピズムの価値を吹き込まれたすべての個人および実在者の合議に基づく組織的、普遍的、恒久的な活動であり、IOCが有する最高の権威のもとで実行される。五大陸にまたがるこの活動は、偉大なスポーツの祭典であるオリンピック競技大会に世界中からアスリートが集まったとき、その頂点に達する。（一一ページ）

ここで注目すべきことは、この原則の主語がオリンピック大会ではなくオリンピック・ムーブメントになっている点である。私たちはオリンピックを四年に一度の大会のことだと早合点してしまうが、実は大会開催期間を問わない日常的な活動がその本質なのである。

二つ目の注目点は、クーベルタンのオリンピズムがIOCの行動規範となり、その結果としてオリンピック・ムーブメント全体を規定していることである。このことは、クーベルタンの思想やオリンピズムに新しい解釈や修正などが加われば、オリンピック・ムーブメントもそれに合わせて変わっていかなければならないことを意味している。

それでは、オリンピズムという理念は何を目指しているのか。「オリンピズムの根本原則」の二にその答えはある。「オリンピズムの目的は、人間の尊厳の保持を大切にする平和な社会の推進を目指し、人類の調和のとれた発展にスポーツを役立てることである」（一一ページ）

つまり現在の「オリンピック憲章」が規定している近代オリンピックとは、クーベルタンが掲げたオリンピズムという理念に基づき、スポーツと四年に一度の大会とを有効に活用しながら社会の

「平和」を目指す、IOCを中心に展開される地球規模のムーブメントなのである。

クーベルタンとは何をした人物なのか

約百二十年の歴史を数える近代オリンピックは、時代の変化に合わせてさまざまに評価されてきた。その創設者という看板を背負ったクーベルタンにも同じことが言える。日本だけを見ても、彼はアマチュアリズムの擁護者、オリンピック復興の尽力者、オリンピックの現実を批判する思想家、教育改革運動家といったさまざまな役柄を演じてきた。(6)

しかし、John J. MacAloon. *This Great Symbol. Pierre de Coubertin and the Origins of the Modern Olympic Games*(一九八一年)の日本語版『オリンピックと近代――評伝クーベルタン』(柴田元幸/菅原克也訳、平凡社、一九八八年)の出版によって、クーベルタンについての一つの学説が日本を席巻することになる。「勲功」という十九世紀末フランス貴族の価値意識に憑かれ、オリンピックを復活させて「名を上げよう」とした人物という評価である。この翻訳書からの引用とその背後にある問題意識とを通して、近代オリンピックに関わるクーベルタンの意思と思想、行動はすべて、社会で「名を上げること」を欲した一貴族による「勲功」の帰結として描かれることになった。(7) しかし、マカルーンの関心は「オリンピックというスペクタクルの成立」(8)にあり、それゆえ、一八九六年の第一回アテネ大会後から一九三七年に亡くなるまでの約四十年分のクーベルタンの言動は、同書ではほとんど言及されていない。

これに対し、クーベルタンの生涯全体を俯瞰してきた研究者たちは、彼を近代オリンピックの創始者としてではなく教育改革者として評価し、その教育学の歩みのなかに近代オリンピックの創設を位置づける。(9) 本章は後者の立場をとり、クーベルタンの生涯にわたる思想と行動を跡づけながら、オリンピズムが目指す「平和」に焦点を当てて、近代オリンピックとは何かを議論することにしたい。「クーベルタン＝近代オリンピックの創始者」という定説からいったん離れてこの人物の総体を追うことで、オリンピズムをいったん白紙に戻して再考することができる。その意味で、これは近代オリンピックの意義を再検討するための一つの有効な方法になるのではないかと考える。

2　クーベルタンの思想形成過程

一八六三年の元旦、クーベルタンはパリ・ウディノ通り二十番で裕福な男爵夫妻の第四子として産声を上げた。末息子として育てられた彼は、国家間の対立・協調関係がめまぐるしく入れ替わる、帝国主義とヴェルサイユ体制の時代を生きることになる。

少年ピエールが七歳のときに勃発した普仏戦争は、彼が住むパリをも戦場とし、フランスは翌一八七一年一月にプロイセンに降伏した。この間、第二帝政から第三共和政へという政治体制の大きな変化があり、フランスは外交と内政の両面で緊張を強いられることになる。そんななか、七一年四月、パリ市の自治市会であるパリ・コミューンとプロイセンとの和平交渉を担う臨時政府との間で戦闘が起きる。三万人にものぼる戦死者を出したといわれるパリ・コミューン下のフランス人同士の凄惨な戦いは、少年ピエールに強烈な印象を残した。「ルコント将軍とクレモン・トマ将軍の暗殺、第二次パリ攻囲戦、コミューンの狂気、最後の数日の殺戮と血糊のべとつくあの汚らわしい人間業とも思えぬ始末。これがフランスを悪夢のように通り過ぎていったのだ[10]」。オリンピズムに託された世界平和への希求の源泉は、普仏戦争とパリ・コミューン下の戦いで目の当たりにした殺戮が地球上で二度と起こってほしくないという、クーベルタンの人間的な願いのなかから生まれたのだった。

一八七四年、パリのイエズス会系の中等学校に入学したピエールは、ギリシャ・ローマの古典を用いてレトリックを教えていた教員カロン神父の薫陶を受け、たちまち古代ギリシャ史の世界に引き込まれた。クーベルタンがのちに語る古代ギリシャに関する教養は、このレトリックの授業に裏づけられている[11]。

一八八〇年に中等学校を卒業したクーベルタンは、サン・シール士官学校に入学手続きをしたがほどなくやめ、その後しばらくパリ政治科学学院に通うことになる。そしてこの時期に手にした二冊の本が、次に進む道を彼に切り開くことになった。イギリスの教育について記されたイポリット・テーヌ『イギリス・ノート』（一八七二年）と、パブリック・スクールの生活が著者自身の体験から描かれたトマス・ヒューズ『トム・ブラウンの学校生活』（一八五七年）である。

一八八三年、青少年教育への思いが高まった二十歳のクーベルタンは、教育制度の比較研究のため、世界の覇権を握っていたイギリスに渡った。そしてイートン校やハロー校、ラグビー校などのパブリック・スクールを訪問し、先の二冊の本に書いてあった教育の内容が本物だったことを知る。

つまり、①イギリスの教育制度が社会の発展と安定に大きな役割を果たし、②パブリック・スクールでは自由を行使する権限を生徒にもたせる教育が展開され、③これらの教育の中心にスポーツが位置づけられていたことである。これは生徒を鋳型にはめ込もうとする当時のフランスの教育にはない教育原理だった。

オリンピズムが目指すことになる平和への願い、近代オリンピックを着想させる古代ギリシャの知識、そしてその主要な手段となるスポーツの教育的価値への気づきが、二十歳を少し過ぎた頃のクーベルタンにはそろっていたのである。

3　近代オリンピックの創出

古代オリンピックの再発見(12)

近代オリンピックはビッグバンのように、突然クーベルタンから生まれたわけではなかった。古代遺跡の相次ぐ発見・発掘によって、ヨーロッパ社会が古代ギリシャへのロマンを否応なしにかき立てられていたなかで、少年ピエールもその世界にのめり込んでいったのだった。それは古代オリンピックの聖地オリンピアについても同様だった。一七六六年にイギリス人の古物研究家リチャード・チャンドラーが土に埋もれていた聖地の一部を発見して以降、一八二九年にはフランスの発掘隊がゼウス神殿の一部を、また七五年から八一年にかけてはドイツの発掘隊が聖域の中心部を発掘した。これらの調査成果は七八年のパリ万国博覧会でのオリンピア遺跡の展示へとつながっていく。古代ギリシャ史に魅了されたピエールは、自分が住むパリでこの展示を見ながら、古代オリンピックの情景を思い描いたにちがいない。

考古学的発見による古代オリンピックへの関心の高まりに合わせたかのように、オリンピックの名を冠した催しがヨーロッパでいくつかみられるようになり、そのなかには近代オリンピックに直接影響を与えるものも出てきた。一八五〇年にイギリスのマッチ・ウェンロックで始まったオリンピアン競技会と、ギリシャで開催された二つの競技会がそれである。クーベルタンは九〇年にマッチ・ウェンロックを訪れて、競技会の主催者であるウィリアム・ペニー・ブルックス博士と面会した。一方、五九年以降、計六回アテネで開かれたオリンピア競技祭／全ギリシャ競技会は、第一回近代オリンピック大会（一八九六年）を受け入れる土台になった。

さらには、近代体育の指導者たちがオリンピックの復興に言及していた事実も見過ごせない。近代体育の父ヨハン・クリストフ・グーツムーツや、トゥルネンと呼ばれる青少年教育活動の創始者フリードリッヒ・ルートヴィヒ・ヤーン、のちにクーベルタンのライバルとなるパシャル・グルッセは、それぞれの著書のなかで古代オリンピック復興のアイデアを書き記していた。

古代オリンピックが再発見され、これをよみがえらせようとする試みがヨーロッパ各地でみられるようになるなかで、近代オリンピックは誕生したのだった。

スポーツによる教育改革運動

ところで、イギリスのパブリック・スクールの視察から帰国したクーベルタンは、実証社会学に基づく社会改良運動を推進した社会学者ル・プレの流れをくむ社会経済学会に入会し、教育による社会改革の道へと進んだ。一八八七年、クーベルタンはこの学会での「イギリスの教育」と題する自身の報告のなかで、ラグビー校校長トーマス・アーノルドによる教育へのスポーツの導入を高く評価する。そして、イギリス中等教育の原理を「自由とスポーツ」にあると結論づけたうえで、フランスの社会を変革するには教育のなかにスポーツを持ち込まなければならないと主張した[13]。社会の改革を教育によって達成するという主張は当時でも目新しいものではなかったが、そこにスポーツを持ち込むという発想はきわめて斬新で、先例はなかった。ラグビー校でスポーツの教育的意義を発見し、これがイギリスの繁栄を支える人材の育成に大いに役立っていると解釈したクーベルタンは、フランスのエリートたちをこのシステムで教育することによって、この国の社会を変革しようと考えたのだった[14]。

翌一八八八年、クーベルタンはこの考えを実行に移すべく、元首相ジュール・シモンを委員長に据えた「教育における身体運動普及のための委員会」を結成する。彼はさらに学生スポーツ競技会を立ち上げて、食堂でさえ一切の私語を禁じられていたほど厳しい規則があった中等学校の生徒に自由を許し、校外のグラウンドに連れ出した[15]。しかし、イギリス的な教育原理をフランスの教育制度に導入するという教育改革の構想は頓挫してしまった。というのも、反イギリスの愛国主義的な立場からの抵抗が強まり、九二年にはこの委員会が機能不全に陥ってしまったからである。フランス教育界へのスポーツ活動の導入には一定の成果が得られたものの、さまざまな権力構造を要因とする限界も見えてきた。この教育改革を推し進めるには、別の改革原理が必要になった。

平和運動への接近とスポーツの国際化

クーベルタンの教育改革運動を支える新しい原理のヒントは、彼の少年時代にあった。彼は社会経済学会発行の雑誌「社会改革」一八八九年九月号に、「平和への教育」と題する小論を投稿する。[16]近代オリンピック創設のアイデアを初めて表明する約三年前のことだった。この雑誌記事はクーベルタンの思考のなかでスポーツと教育と平和の三つがどのように結び付いたのかというその背景と、こうした理念が近代オリンピックの創出へとつながっていった興味深い事実とを、私たちに示してくれている。

この年、つまり一八八九年は平和運動にとって大きな転換期となった。ナポレオン戦争（一八〇三―一五年）後に欧米諸国で立ち上がった草の根的な平和運動が、六月のパリを舞台にして国際的に組織化される方向へ舵を切ったからである。第一回世界平和会議と第一回列国議会会議の開催である。その後、第三回世界平和会議で国際平和ビューローが設立され（一八九一年）、ハーグ国際平和会議の開催（一八九九年）、ノーベル平和賞の初の授賞式（一九〇一年）などがこれに続いた。[17]

注目すべきもう一つの点は、転換期を迎えていた平和運動の最新動向にクーベルタンが注意を払っていた事実である。「平和への教育」と題打ったこの小論には、「平和連合の会議」が「ごく最近」出したという声明が採録されている。おそらくこれは、一八八九年六月にパリで開かれたどちらかの平和会議の声明だと思われる。

さらに注目できるのは、先に述べた一連の会議と組織の中心的な人物たち、例えばフレデリック・パシーやフレデリック・バイエル、アンリ・ラ・フォンテーヌ、エリ・デュコマン、ジュール・シモン、アーネスト・ラビスらに、クーベルタンが積極的に接近した形跡がみられることである。一八八九年六月六日から三十日に、クーベルタンはパリ万国博覧会で国際体育会議と学校運動競技会の催しを企画・運営しているが、この機会を利用してシモンやラビスほか、同じ月にパリで開かれた平和運動の二つの会議の出席者たちに面会していたものと思われる。というのも、のちに近代オリンピックの創設を決めたパリ国際アスレティック会議の名誉委員五十人のうち、約三分の一が平和運動に関わっていた人物たちで占められていたからである。(18)

一八八九年以降、毎年開かれた世界平和会議は、フランス国内でのスポーツによる教育改革運動に限界が見え始めていたクーベルタンに、平和運動が有する理論や経験を提供した。例えば、九〇年と九一年の第二・三回会議では、学校体育からの軍事色の払拭や、平和運動としての国際的スポーツ活動の認識、スポーツ競技会による世界の学生たちの交流といったアイデアなどが示されている。(19)

クーベルタンが先に記した論文「平和への教育」のなかで採録した一八八九年の平和会議による声明には、学校のなかで生じた争いを自分たち自身で解決するという仕組みの教育現場への導入が謳われていた。彼はこの平和教育の一つのモデルを、八三年から視察を始めたパブリック・スクールのスポーツ活動のなかに見ていた。それから二年後、学校内の平和教育に寄与するスポーツの可能性を学校外でも活用するための方法論として、クーベルタンはスポーツの「国際化」を打ち出すことになる。九一年四月十一日のパリYMCAでの講演で、国際化することによって世界平和に寄与する競技スポーツの可能性を、彼は次のように訴えた。「みなさん、外国へ送り出しましょう。漕手たちを、走者たちを、そして剣士たちを外国へ送り出しましょう。彼らは平和の使者になるのです」[20]。この主張には、八九年から接点をもった平和運動からの影響と、「スポーツを有効に活用しながら社会の平和を目指す」オリンピズムの萌芽とが認められる[21]。

近代オリンピックの誕生

一八九二年十一月二十五日、クーベルタンはパリ大学ソルボンヌ大講堂の演壇に立ち、約一年半前のパリYMCAの主張に続け、次のように呼びかけた。

漕手たちを、走者たちを、そして剣士たちを外国へ送り出しましょう。これこそ将来の自由貿易であります。これがヨーロッパの古い慣習に導入される日、平和への理想は新たな力強い支援を得ることになりましょう。（略）〔私の望みは：引用者注〕現代生活の諸条件に合致する基盤に基づき、次のような壮大かつ恩恵をもたらす事業を、みなさんとともに追求し実現できることであります。すなわちそれは、オリンピック競技会の復興であります[22]。

国際的な競技会の制度を新たに創設し、競技スポーツを活用しながら社会平和の構築へ向けて行動しようという提案だった。しかし聴衆は、クーベルタンがオリンピックを何か象徴的な意味で用いたのだと思い込み、彼の意図を理解するには至らなかった。そこでクーベルタンは翌年、アマチュア問題について討議する国際会議を注意深く企画し、その最後の議題にオリンピック競技会の復活を紛れ込ませた。そして一八九四年一月十五日付の案内状をフランス国内外の諸協会に送り、オリンピック競技会の復興という最後の議題の趣旨を、次のように説明したのだった。

最後の部分で提起している計画は、国際協約を首尾よく批准することです。私たちは、実現するとまではいかないにせよ、少なくともこれを準備することを目指しています。現代生活の必要性に合致するいくつかの基盤と条件とに基づいてオリンピック競技会を復興することによって、世界各国の代表者たちが四年ごとに一堂に会します。平和的かつ礼節をわきまえたこれらの戦いが、数あるなかで最上の国際主義であることを確信させてくれるにちがいありません。(23)

五カ月後の一八九四年六月二十三日、パリ国際アスレティック会議で近代オリンピックの創設とＩＯＣの設立が承認され、ここに近代オリンピックが誕生した。古代オリンピックの再発見という歴史的背景のもと、パリで生まれた平和への願いが、教育的意義を秘めたスポーツとイギリスで出会い、国際化という船に乗って社会の平和を目指してパリを出港する。以上が、クーベルタンの行動から見える近代オリンピック創出の物語である。

4　誤解され続けたオリンピズム

近代オリンピックという器は認められたものの、クーベルタンがその器に入れようとした中身が理解されることは、ほとんどなかった。

> 誰も私を理解していなかった。そのとき始まったのは、完全で絶対的な無理解であり、これは久しく解けないものとなった。（略）人々が私の考えをつかみ、忘れ去られていたオリンピズムを解釈し、千五百年間にわたり墓に入れられていた古代の形式、すなわちオリンピズムを包んでいた精神と本質と原則とを区別するには至らなかった。[24]

この絶対的な無理解は、終生クーベルタンにまとわりついて離れなかった。ＩＯＣ会長を辞任してから四年後の一九二九年、彼は「もし輪廻というものが存在し百年後にこの世に戻ってきたならば、私は現世で苦労して築いたものを破壊することになるだろう[25]」と述べ、亡くなる前年の三六年には、ネオ・オリンピズムは「最初はほぼ笑みで迎えられたが、それは次に皮肉に変わり、やがて不満と敵意になってしまった[26]」と書き残している。

第一回アテネ大会（一八九六年）に話を戻そう。クーベルタンはこの大会を次のように回想する。

アテネでは、いわば歴史の衣をまとって仕事を運んだだけだった。会議も講演もなければ、精神的あるいは教育的なものへ目を向けることもまったくなかった。アテネ大会の直後に私が向かったのは、自分がとった行動に知的かつ哲学的な性格を呼び戻し、IOCにスポーツ団体以上の役割があることを直ちに示すことだった。(27)

クーベルタンがここで起こした行動は、オリンピック・コングレスと呼ばれるオリンピック・ムーブメント推進のための学術的な会議を主導することだった。これは彼の言葉を借りれば、「新しいオリンピズム、すなわち身体的、知的、道徳的そして審美的なすべての教育学を作り出す(28)」活動である。オリンピック・ムーブメントを制度の面で確立させようとしたのがオリンピック大会の開催だとすれば、これをオリンピズムという思想的な面から確かなものにしようとしたのが、オリンピック・コングレスだったといえるだろう。

一八九七年を皮切りに、コングレスはクーベルタンのIOC会長在任中、不定期に七回開かれた。身体訓練と結び付く衛生学・教育学・歴史、スポーツと体育の諸問題、芸術と文学とスポーツの融合、スポーツ心理学とスポーツ生理学、オリンピック教育学などといった、当時のスポーツの世界に収まりきらないテーマが設定されたのには理由があった。それは、スポーツが「有益とも有害ともなりうる(29)」二面性をもった存在であることを認識しながら、これらの意味や役割を複眼的に議論する慣行を確立することが、クーベルタンの教育改革の歩みに求められたからである。

なぜオリンピック競技会を再興したのか。答えはシンプルである。それはスポーツに品格を与えかつ強固にするためであり、スポーツに独立性と永続性とを保証するためであり、さらには現代社会でスポーツに課せられる教育的役割をそこに書き込むためである。（略）スポーツを脅かす危険がいくつかある。（略）治療薬は威信を帯びた国際主義のなかにあると、私の目には映った。[30]

クーベルタンにすれば、スポーツをその枠のなかに閉じ込めておくのではなく、身体的・知的・道徳的・審美的視点から多様な光をこれに当て、そこから新しい教育学を作り出すことが、オリンピズムに基づくオリンピック・ムーブメントの実体とならなければならなかったのである。

5 「知の飛翔」とオリンピズム[31]

一九二五年五月の総会でＩＯＣから身を引いたクーベルタンは、半年後の十一月に万国教育連盟を設立する。「残された時間を使い、一つの生産的な教育学を構築するという喫緊の課題に取り組む[32]」ことを決意したクーベルタンは、連盟の機関誌「万国教育連盟報」第一号を次のように書きだした。

ヨーロッパが苦しんでいる災難は戦争によるものではない。戦争はそれを深刻化させただけだった。災難の始まりはもっと遠いところにある。それは、西洋の教育学が奥深くにまで入り込んでいる破綻状態からきているのである。科学的な知識に限りがあり、国際的な関係が限定されている時代に、我々の教育制度はもはや、今日知るべきだとされることを包み込むに十分な力を持ち得ていない。（略）要するに、新しい方法を始めなければならないのだ。ある地域を調査したいが、ピッケルを手に頂上を目指してゆっくりとよじ登る時間の余裕がないときは、その上空を飛べばよい。教育は今後、登山家である代わりに飛行機にならなければならない。（略）〔上空を飛ぶという：引用者注〕純粋かつ完全な一つの改革だけが、国際平和と社会平和とを傷付ける誤解に打ち勝つことができる。唯一その改革だけが、早すぎる専門化を否応なく生み出す無理解を緩和できるのだ。（五ページ）

クーベルタンが万国教育連盟の活動で見据えたのは、十九世紀後半から二十世紀初頭にかけて諸科学の発達が築いた膨大な知識の山を、どのように認識するのかという問題だった。細分化・専門化された断片的な知識は人間を自分の殻に閉じ込め、そこから生まれる人間相互の無理解が戦争の原因になると、クーベルタンは考えた。

この教育課題の解決策として彼が示したのは、険しい登山ルートをピッケル片手に時間をかけて登る方法ではなく、膨大かつ複雑な知識体系の巨大な山を飛行機で一気に飛び越え、その全体像を短時間で理解するという方法――のちに「知の飛翔」と呼ぶことになる方法――だった。「連盟報」第一号に「十本のたいまつ」として示された十の領域からなる知識は、細分化された膨大な知識が生い茂る険しい山の上空を旋回する飛行機に相当する。クーベルタンは最後に「同じ種火（十本のたいまつ）をもつ秩序の光がすべての人々に対して分け与えられることで、社会の平和が保証され、国際平和に効果的に貢献する」と結び、「知の飛翔」が国際社会の平和を目指す教育原理になると説明した。

すでに見たように、一八九一年のクーベルタンの主張に認められた世界平和という方向性は、近代オリンピック創設の呼びかけ時にはっきりと示された。彼はその直後にも、近代オリンピックが国際的な平和運動の政治以外の一つのチャンネルであることを何度も繰り返した。

他人・他国への無知は人々に憎しみを抱かせ、誤解を積み重ねさせます。さらには様々な出来事を、戦争という野蛮な進路に情け容赦なく向かわせてしまいます。しかし、このような無知は、オリンピックで若者たちが出会うことによって徐々に消えていくでしょう。（『アテネからの使者』一八九四年）

〔世界中の競技者たちはオリンピックで：引用者注〕互いにいっそう理解し合うことを学ぶ。（略）オリンピックの制度が繁栄するならば、（略）オリンピックはおそらく全世界の平和を確保する、間接的にではあるが有力な一要因となるだろう。戦争が起こるのは、国々が互いに相手を誤解するからである。異なった民族同士を切り離している諸々の偏見を乗り越えてしまう

まで、わたしたちは平和を手にすることはできない。（『センチュリー』一八九六年）

これらの引用によって示される「無知」の克服という、近代オリンピックの創設時に設定した教育課題は、約三十年後に設立した万国教育連盟にも引き継がれた。

生半可な知識に満足するような虚栄の感情の代わりに人間的無知の感情を置き、少年期・青年期の知識教育が個人の知的形成を保証するのみで十分であるかのような私的な考えに、二度と陥らないようにすること。（「万国教育連盟報」一九二六年）

人類誰もが自らの無知を認識せずに、自己に満足しながら自らの論理に基づいて突き進んできた。（「万国教育連盟報」一九二九年）

「無知」とは単なる知識不足のことではなく、自分の枠の外に世界があることを認めない精神状態のことだと考えよう。戦争につながる可能性があるこのような「無知」に、クーベルタンは強い危機感を抱いたのだった。そこで彼は、若い人々がスタジアムに集い、自分の枠の外に無限で多様な世界が広がっていることを認識し合えるような機会を定期的に設けるために、近代オリンピックの制度を作ったのだった。(33) 個人の存在を俯瞰的に確認させるこのような近代オリンピックの設計図はまさに、「知の飛翔」の構図そのものを宿していた。スポーツを多角的に議論したオリンピック・コングレスもまた、この構図のなかで進められたといえるだろう。

おわりに

本章は、近代オリンピックの意義を根本的に問い直す際に必要となる共通の土台作りを目指し、クーベルタンの生涯にわたる思想と行動を当時の歴史的背景と関連づけ、「平和」に焦点を当てながら、近代オリンピックの創出と彼のオリンピズムについて考えてきた。(34)

古代オリンピックが再発見されるなか、幼少期に戦争を体験したクーベルタンは、パブリック・スクールで「自由とスポーツ」を核とする教育原理と出合い、その後、フランス国内でこの原理を用いた教育改革に着手した。その限界が露呈し始めたとき、平和運動と出合い、平和に寄与する可能性をスポーツのなかにみた彼は、国際化という方法を用いて、政治の領域には属さない一つの国際平和運動、すなわち近代オリンピックを創出した。クーベルタンによる教育改革運動の第二段階の始まりである。彼はそこで、身体的・知的・道徳的・審美的視点から多様な光をスポーツに当てることによって、新しい教育学を構築しようとした。教育改革運動の最終段階は、万国教育連盟の設立である。そこでは「知の飛翔」という全人類を視野に入れた教育原理と、国際平和に寄与する十領域の知識「十本のたいまつ」が示された。

「知の飛翔」という教育原理は、四年に一度、開催地を持ち回りにして競技大会を開くという近代オリンピックの仕組みにも落とし込まれていた。そして、戦争につながる可能性のある「無知」の克服が、オリンピック・コングレスなどによって試みられたが、この試みはオリンピック・ムーブメントのなかで十分に理解されることはなかった。クーベルタンが示した「無知」の克服という教育課題と「知の飛翔」という教育原理は、もちろん、「オリンピック憲章」のなかには記されていない。

注

（1）クーベルタンが執筆した著書は三十冊、雑誌記事は千二百八十一本に上る。Müller, N. et Schantz, O. *Bibliographie Pierre de Coubertin*, Comité International Pierre de Coubertin, 1991, p.175.

（2）日本のクーベルタン研究の第一人者である清水重勇神戸大学名誉教授が運営するウェブサイトには、クーベルタンの主要著書六冊と雑誌記事六十一本の日本語訳が公開されている。「クーベルタン塾」(http://www.shgshmz.gn.to/shgmax/public_html/coubertin/coub_juku_index.html)［本章の注で記すウェブサイトの最終閲覧日はすべて二〇一七年十月十三日］

（3）東京都教育委員会「『オリンピック・パラリンピック学習読本・映像教材』と『Welcome to Tokyo』の配布について」（二〇一六年三月二十四日）(http://www.kyoiku.metro.tokyo.jp/press/2016/pr160324b.html)

（4）オリンピズムをめぐる歴史的背景のより詳細な検討には、「オリンピック精神」「オリンピックの理念」という用語の考察が欠かせないが、これについては今後の課題としたい。

（5）本章では「オリンピック憲章」のフランス語版 *Charte Olympique* を用いた。引用はこの版からの著者による日本語訳で、参照・引用の該当ページは（　）でくくって随時示した。なお、JOCによる英和対訳版が以下のウェブサイトで公開されている。JOC「オリンピック憲章 Olympic Charter 二〇一六年版・英和対訳（二〇一六年八月二日から有効）」(http://www.joc.or.jp/olympism/charter/pdf/olympiccharter2016.pdf)

（6）早川武彦「日本における「クーベルタン像」について」「一橋論叢」第七十七巻第一号、一橋大学一橋学会、一九七七年、八五—九二ページ。国際的な研究動向でのクーベルタンの多様な評価については以下の文献が詳しい。清水重勇「クーベルタン その虚像と実像1」「体育の科学」第三十八巻第九号、日本体育学会、一九八八年、七二三—七二七ページ、Müller, N. & Schmidt, C. "American Authors about Pierre de Coubertin. An Evaluation from the European Point of View," in: Müller, N. and Rühl, J. (eds.). *Official Report of the Olympic Scientific Congress 1984*, Schors, 1985, pp. 223-233.

（7）真田久『十九世紀のオリンピア競技祭』（明和出版、二〇一一年）一九一—二二八ページ、内海和雄『オリンピックと平和——課題と方法』（［広島経済大学研究双書］第三十八冊）、不昧堂出版、二〇一二年）九八—一一二、一二五—一四三ページ、橋場弦／村田奈々子編『学問としてのオリンピック』（山川出版社、二〇一六年）一九五—二四二ページなど。

（8）ジョン・J・マカルーン『オリンピックと近代——評伝クーベルタン』柴田元幸／菅原克也訳、平凡社、一九八八年、一六ページ

（9）Boulongne, Y.-P. *La vie et l'œuvre pédagogique de Pierre de Coubertin 1863-1937*, Leméac, 1975.、清水重勇『スポーツと近代教育——フランス体育思想史』下、紫峰図書、一九九九年、Schantz, O. « L'œuvre pédagogique de Pierre de Coubertin », in: Gleyse, J. et coll. (éds.). *L'éducation physique au XXe siècle: approches historique et culturelle*, Vigot, 1999, pp. 101-117. など

(10) Coubertin, P. de. *L'évolution française sous la troisième république*, Plon-Nourrit, 1896, p. 17.

(11) Müller, N. "Coubertin and Greek Antiquity," *Internationale Einflüsse auf die Wiedereinführung der Olympischen Spiele durch Pierre de Coubertin*, Agon-Sportverl, 2005, pp. 56-60.

(12) 以下の拙稿を要約・加筆・修正した。和田浩一「オリンピックの用語史――江戸後期から明治前期にかけて出版された英和辞典に注目して」、楠戸一彦先生退職記念論集刊行会編『体育・スポーツ史の世界――大地と人と歴史との対話』所収、渓水社、二〇一二年、二八四―二八六ページ

(13) Coubertin, P. de. « L'éducation anglaise », *La Réforme Sociale*, 7.2.(3), 1er juin 1887, p. 642.

(14) 前掲『スポーツと近代教育』下、五八三ページ

(15) 同書五五八ページ

(16) Coubertin, P. de. « L'éducation de la paix », *La Réforme Sociale*, 2e série, tome VII, 16 septembre 1889, pp. 361-363.

(17) Santi, R. (traduit par Boulay, D.). *100 ans de travail pour la paix. Une histoire du Bureau International de la Paix et autres organisations et réseaux du mouvement international pour la paix*, Bureau International de la Paix, 1991, pp. 6-10. (http://www.ipb.org/wp-content/uploads/2017/02/100-ans_version_francais.pdf)

(18) Quanz, R. "Civic Pacifism and Sports-Based Internationalism: Framework for the Founding of the International Olympic Committee," *International Journal of Olymic Studies*, vol. II, 1993, pp. 4, 10, 22-23. ちなみに、本文に名前を挙げた六人のうち、前の四人はのちにノーベル平和賞を受賞した。

(19) Quanz. "Civic Pacifism and Sports-Based Internationalism...," p. 7.

(20) Coubertin, P. de. « L'athlétisme, son rôle et son histoire », *Revue Athlétique*, 2e année, no. 4, 1891,

p. 204.
（21）「そもそも「大衆化する」より先に「国際化する」必要があった。私はずっと以前からそのことを意識してきた。そして、ある冒険の企てを決心したのである」。Coubertin, P. de. *Une campagne de vingt-et-un ans,* Education physique, 1909, p. 89.
（22）Coubertin. *Une campagne de vingt-et-un ans,* p. 90.
（23）Coubertin. *Une campagne de vingt-et-un ans,* p. 92.
（24）近代オリンピックの創設を初めて提案した一八九二年の会議の回想である。Coubertin, P. de. *Mémoires olympiques,* Bureau International de Pédagogie Sportive, 1931, pp. 9-10.
（25）Coubertin, P. de. *Olympie,* Burgi, 1929, p. 6.
（26）Coubertin, P. de. « la symphonie inachevée », 1936. in: Boulongne. *La vie et l'œuvre pédagogique...,* p. 462.
（27）Coubertin, P. de. *Mémoires olympiques,* p. 44.
（28）Coubertin, P. de. « Les Congrès Olympiques », *Revue Olympique,* février 1913, p. 20.
（29）Coubertin, P. de. « Chronique», *Bulletin du Comité International des Jeux Olympiques,* 1ère année, no. 2, 1894, p. 1.
（30）Coubertin, P. de. « La renaissance olympique », *Indépendance Belge,* 77e année, 23 avril 1906, p. 3.
（31）以下の拙稿を加筆・修正した。和田浩一「クーベルタンが考えたオリンピズム」「体育史研究」第三十三号、体育史学会編集委員会学会事務局、二〇一六年、三六―三七ページ
（32）Coubertin, P. de. *Discours prononcé à l'ouverture des Congrès Olympiques à l'Hôtel de Ville de Prague le 29 mai 1925 par le Baron Pierre de Coubertin,* Imprimerie d'Etat, 1925（Carl-Diem-Institut

(éd.). *L'idée olympique, discours et essais*, Karl Hofmann, 1967, p. 97.)

（33）「私たちは参加者に、ほかの場所では手に入れられないものを与えるように努めなければならない。参加者はアテネでは最も純粋な古代に接触した。パリでは伝統と洗練された環境をもつ古いフランスに引き合わせる必要がある」。Coubertin. *Mémoires olympiques*, p. 50.

（34）紙幅の関係で、平和を取り巻く国際主義や愛国主義、世界主義、ナショナリズムなどの概念や、「オリンピック憲章」で大会期間中に実施することが規程化されている、文化プログラムの背景にある古代ギリシャの思想などにふれることができなかった。なお、前者については、前掲『オリンピックと平和』（一〇七―一〇九、三六五―四一二ページ）を、後者については、和田浩一「筋肉と精神の「偉大な結婚」――近代オリンピックにおけるスポーツと芸術の結合」（「現代スポーツ評論」第三十五号、創文企画、二〇一六年、四六―五八ページ）を参照のこと。

第2章

クーベルタンのオリンピズムとスポーツ文学
——二十世紀初頭のフランスと日本におけるスポーツと文学の接近

小石原美保

はじめに

フランス人貴族ピエール・ド・クーベルタンのオリンピック復興という夢の出発点には、スポーツ教育の構想があった。それは「生きること」を教える哲学であり、ここでいう「生きること」とは、クーベルタンによれば、「生物学的な種としてのヒトから人間という存在に向け、自らを生成していくこと」[1]、すなわち、人間性の開花を意味する。彼は、スポーツをすることは自分の身体の本質を認識し、その与えられた条件を超えようと自発的な意思と努力が表明される点で、すぐれて徳性が陶冶される機会になると考えた。クーベルタンはまた、人間のすぐれたあり方（アレテー）

を示すことで神に近づこうとした神事としての競技祭典である古代オリンピックに、人間性の開花が表明される原点を見た。知や芸術を愛する古代ギリシャ社会で、鍛え上げられた身体の美しさと、その内側にある善の徳性が称賛されたことは、スポーツが人間にとって真の教養になることを彼に示唆した。彼はそこに、筋肉と精神との「結婚」[2]を見たのである。スポーツは、筋肉と精神との相互協力によって人間性を開花させることを学ぶ重要な教育手段と位置づけられ、このスポーツ教育構想が、彼のオリンピズムという独自の思想の基盤となった。

クーベルタンのオリンピズムが醸成された十九世紀末から二十世紀初頭にかけて、フランスではラグビー、サッカー、陸上競技などのイギリスで発展した近代スポーツが流行し、ドイツや北欧のジムナスティーク（体操）、上流階級の社交活動として盛んだったテニスなど、さまざまな身体活動が普及した。また、自転車や自動車という最新の移動手段の登場は、ロードレースという新たな観戦スポーツ文化を生み出し、余暇に戸外や水辺に出かけて遊ぶレジャーの概念も人々の生活に浸透していった。これらの身体活動は、体力を使い尽くす心地よい疲労や陶酔感、新しい乗り物のスピードが生み出す興奮、水や風、太陽光などと身体が触れ合う解放感や爽快感など、さまざまな快楽や愉悦を人々にもたらした。それは、身体運動文化の画期的刷新といえるものであった。

当時の最新文化であるスポーツにいちはやく反応し、これを積極的に享受したのは青年たちである。スポーツを愛好する青年知識人や芸術家たちからは、競技場を一種の芸術サロンにした社交クラブも生まれた。彼らは、競技場や公園に集まってスポーツに親しむだけでなく、スポーツをすることで自らの身体が感知した芸術的感興や詩情を、それぞれの芸術表現形式に有形無形に反映させた。そのなかで、青年作家たちは、スポーツする自分の身体や他者の身体活動に文学的創作のテーマを見いだし、詩や散文形式で言葉にすることに取り組み始める。それは、やがて一九二〇年代のスポーツ文学ブームへとつながっていった。

一方、欧米から移入したスポーツが都市部を中心に普及し始めた二十世紀初頭の日本でも、スポーツを愛好する青年作家(当時の表現に近い言い方をすれば青年文士)や芸術家たちによる「スポーツ同好の士」の縁が結ばれた。この文壇スポーツ・ネットワークからは、雑誌という近代的メディアを活用したスポーツ振興の動きが生まれ、青年文士や青年芸術家たちの、遊び楽しむ愉快な活動を目的とするスポーツクラブが結成されるなど、近代日本のスポーツ文化構築の一端を担うユニークな実践がみられた。

スポーツ活動を通じて、身体のさまざまなレベルでの「生きること」の実感が青年作家や芸術家たちに発見され、それが芸術や文学で表現され、あるいは雑誌などの活字表現ジャンルに転写されたことは、クーベルタンが唱える「筋肉と精神との結婚」の一つの象徴的な実践と言えるのではないだろうか。私たちはまた、「スポーツの世紀」と呼ばれる二十世紀幕開けの時代のフランスと日本に、スポーツが文学や芸術と親和性をもって接近し、ある種の「身体的な知」を構築する人的ネットワークが形成された興味深い相似の構図を見て取ることもできる。本章では、クーベルタンのオリンピズムにおけるスポーツと芸術・文学との融合のテーマに目を向けることから始め、これに呼応した一九二〇年代フランスのスポーツ文学運動を概観するとともに、同じ頃日本で形成された文壇スポーツ・ネットワークの活動に注目し、二十世紀初頭にスポーツと文学(広い意味で芸術とがどのように結び付き、どのようなスポーツの意義やスポーツする身体が探求されたのかを考察したい。

1　クーベルタンのオリンピズム

スポーツ教育と思想課題としての「スポーツする身体」

クーベルタンのスポーツ教育思想は、彼の著書『スポーツ教育学』に体系的に示されている。この著作は三部で構成され、第一部でスポーツの歴史、第二部でさまざまなスポーツ種目の特性や技術、第三部でスポーツの社会的・道徳的作用が論じられている。各種のスポーツの歴史や特質、スポーツ選手の心理が、当時まだ萌芽したばかりの学問だった心理学への傾倒がうかがわれる叙述で緻密に分析され、スポーツの社会的・道徳的意義がクーベルタンの独創的な思想として展開されている。(3)

この著作でクーベルタンは、「数字と事実は、個人の意志と努力を係数とする筋肉の可能性の積である。個人は限界をもつがそのことを知らない。あとどれだけ距離が伸びるのか、あとどれだけタイムが縮まるのか、この極大と極小は、彼の筋肉と意志との協働によって決まる(4)」と、スポーツ活動の厳然としたリアリズムを指摘する。一方で彼は、「スポーツは、享楽とでも呼ぶべき激しい身体の喜びを生産する(5)」と、運動に没頭しながらもさまざまな部分が調和して動くよう身体を制御することや、禁欲的で激しいトレーニングから逆説的に快楽や陶酔が生まれることに、難解な両義性をもつ「身体の悦び」を見いだしている。二十世紀初頭、彼は「スポーツする身体」という新しい存在感覚の認識を促し、スポーツの教育的な意義を示唆した。彼にとって、スポーツは、個人が自分の身体を客観的・内省的に捉えることを学ぶレッスンであるとともに、自分の限界を超えようとする純粋な身体的努力によって、身体が解放される歓喜の瞬間を味わう活動でもあった。そのような身体の経験を通じて、個人の知性や感性、徳性が磨かれることに、彼はスポーツの教育的意義を見いだしたのであり、ここで「スポーツする身体」は彼の思想課題に据えられているのである。

芸術、文学とスポーツ——スポーツが生み出す美への注目

クーベルタンは、近代オリンピック競技会を一八九六年に実現させたあとも、オリンピズムの普及をはかるためにさまざまな課題を掲げて思索と実践を重ねた。その一つが、「芸術、文学とスポーツの融合」のテーマである。このテーマの根幹には、「筋肉と精神との結婚」、すなわち、心身が調和することで個人は人間として十全なものになる、というクーベルタンの人間観がある。このテーマを掲げて開かれた一九〇六年のオリンピック・コングレスでは、「どのような尺度のもと、どのような形式で、芸術と文学は近代オリンピックの祭典に参加し、スポーツの実践と結び付いてその恩恵を受け、スポーツの実践を高貴なものにすることができるか」が議論された。具体的には「復興されたオリンピックで、芸術・文学が共鳴するような協力を組織的におこなうこと」と、「地方のスポーツ行事で、日常の、地域レベルでの芸術・文学の協力を地道に喚起すること[6]」が検討さ

れている。クーベルタンの回想録『二十一年間のキャンペーン』によると、この会議で、前者については、スポーツ思想に創作意欲を刺激された作品、あるいは直接スポーツを対象とした作品で、建築、彫刻、絵画、文学、音楽の五部門のコンクールをオリンピック競技会に合わせて開催することを全会一致で可決した。(7) これを受け、一二年のストックホルム大会から競技会に合わせて文学・芸術コンクールが開催されることになった。(8)

このような社会的実践と並行して、彼は精力的な執筆活動を通じてスポーツと芸術との結び付きの必要性を訴えた。前述した一九〇六年の会議の報告を一般大衆向けの雑誌に寄稿したクーベルタンは、地方の文化行事でスポーツと芸術とのコラボレーションを実現すべきだとし、「体操家の集団と合唱団が一つの行事で協働すれば、そこに参集した人々は、聴衆として音のハーモニー、観衆として動きのハーモニーという二重の喜びを享受できる。かつて古代ギリシャで実現されながら失われてしまったものを、取り返さなければならない(9)」と訴えている。

ここでクーベルタンが念頭に置いているのは、精神と身体との全体的調和を具現するようなスポーツと芸術との出合いの場を仕組むことであり、その目的は、オリンピックの理念への社会的理解を広く得ることにあったといえるだろう。

また、『スポーツ教育学』の「芸術とスポーツ」と題する章の冒頭で、クーベルタンは、「スポーツは、芸術を生み出す主体であると同時に芸術表現の機会として考察されなければならない。スポーツは、生きる彫像であるアスリートを作り出すのだから、美を生み出すものといえる。また、スポーツは、スポーツが実践される建造物やスペクタクル、祭典によって、美が表現される機会にもなる」[10]と述べている。クーベルタンにとって、「アスリートの動きの一つひとつは、画家や彫刻家にごまかしや曖昧さをいっさい許さない明瞭さをもって現れる」[11]ものであった。このスポーツする身体の明瞭さの美は、芸術家に新しい創作のテーマを提供しているのであり、かつて古代ギリシャで称揚されたスポーツ実践の場で生まれる美に、再び目を向けてみるよう彼は促すのである。

クーベルタンの文学的実践

クーベルタンは、自ら文学的創作や文学批評にも取り組み、彼が発行した「オリンピック・レビュー」にいくつかの作品やエッセーを発表している。[12]このうち、一九一二年十二月号に掲載した「スポーツへのオード（頌歌）（Ode au Sport）」は、彼が一二年のストックホルム大会の第一回「芸術・文学コンクール」に Georges HOHROD et M.ESCHBACH というドイツ人名を装って提出し、一位を獲得した作品である。古代ギリシャのピンダロスの詩を模した九連からなるスポーツ賛歌は、いずれも「おおスポーツ、おまえは」で始まる詩句のあとに、「美」「正義」「歓喜」「豊穣」「平和」など、クーベルタンがスポーツの意義を託した言葉が続き、古代ギリシャの抒情詩の荘重な響きを効果的に使い、二十世紀初頭のスポーツの道徳的・社会的意義を高らかに謳っている。[13]

また、一九一〇年二月号の「スポーツ文学の一ページ」と題する批評的エッセーでは、彼は同年に発表されたイタリアの作家ガブリエル・ダンヌンツィオの小説に登場する飛行機レースの叙述を引用し、パイロットが上空から俯瞰した世界を色彩豊かに描写する写実主義に、近代性を象徴する乗り物が作家に新しい作品モチーフを提供したと読み解いている。そしてクーベルタンは、ダンヌンツィオがスポーツ的テーマに独創的な文体と手法をもたらしたことを評価し、ほかの作家たちにも、「スポーツほど人間の本能や感情が凝縮して発露されるものはないのだから」、スポーツする人の「動物性」に注目し、「シンプルな絵の具でパレットを満たし、軽妙で率直なタッチで筆を動かし」て、スポーツする人の経験や内面を分析する創作に取り組むよう勧めているのである(14)。

クーベルタンは、筋肉と精神とを協力させることが人間性をより豊かなものにするということを、自らも執筆や文学的創作に取り組むことで示した。心理学という当時の新しい学問を応用してスポーツする者の内面を分析する叙述や、古代ギリシャの価値観とスポーツの現代的意義とを融合させることを意図した文学的創作は、いずれもスポーツ活動や身体に言葉を与えることで、これらを認識の場に連れ出すユニークな方法といえる。こうした試みを通じて彼が探求したのは、二十世紀という時代を生きる個人が、どのようにその身体経験を通じて自らの存在を豊かなものに生成させていくかという思想課題の答えだったのである。

2　一九二〇年代フランスのスポーツ文学運動

ペン・パレット・クラブからスポーツ作家協会へ

クーベルタンが提唱した文学・芸術コンクールやスポーツ文学に呼応するかのように、フランスでは二十世紀初頭からスポーツをテーマにした文学や芸術が創作され始め、一九二四年のオリンピ

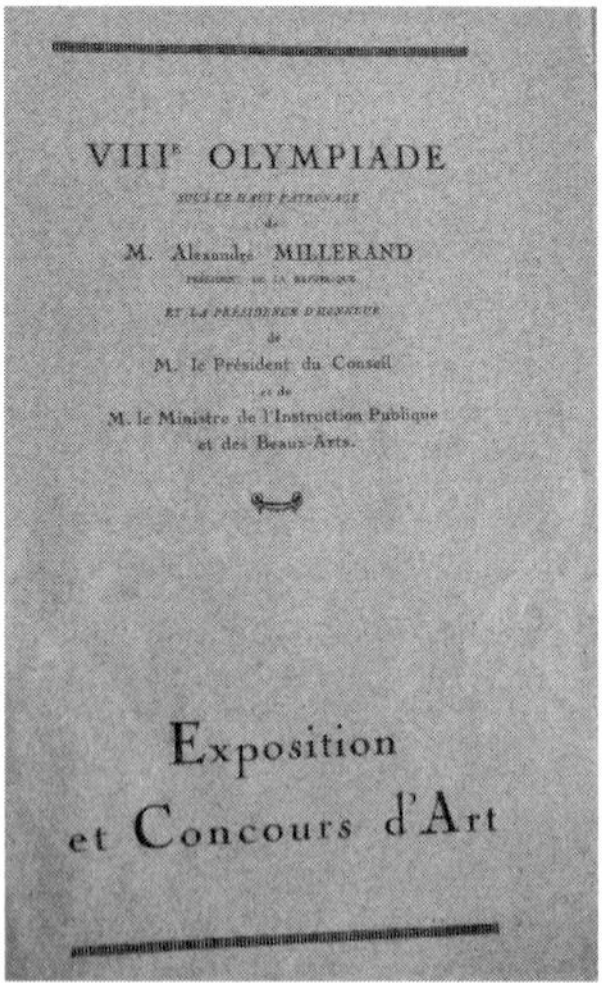

図1　第8回オリンピック・パリ大会「芸術コンクール」出品作品リスト表紙

ック・パリ大会を一つの契機として、同時代にはスポーツ文学ブームとでも呼ぶべき活況が生まれた[15]（図1）。このブームを中心になって牽引したのは、一九年にスポーツを愛好する青年知識人や芸術家達によって結成されたペン・パレット・クラブ（Plum-Palette-Club）である。発足時のメンバーには、トリスタン・ベルナール、マルセル・ベルジェ、ジャン・ジロドゥ、アンリ・ド・モンテルラン、ジャン・プレヴォ、ポール・ヴィアラールなどの作家たちのほか、画家のゲルグ、音楽家のイゴール・ストラビンスキー、演劇人のアンドレ・オベイらがいた。メンバーの一人ポール・ヴィアラールの回想によれば、「多くの死者と不幸をもたらした一九一四年から一八年までの長い戦争が終わると、さまざまな芸術の分野に精通した若者たちが、日曜の午後に、初めは、跳んだり、走ったり、泳いだりと単純にスポーツを楽しむために競技場に集まり、やがて自らの表現手段を自覚して、スポーツを共通項とする種々雑多な芸術家集団を形成[16]」したのだった。

ペン・パレット・クラブのメンバーからは、ジロドゥが、一九二四年のパリ大会で第三回を迎えた文学・芸術コンクールの審査員を務めている。また、マルセル・ベルジェ、ジェオ・シャルル、C・A・ゴネ、モンテルランが文学部門に作品を提出し、ジェオ・シャルルが金メダル、C・

A・ゴネが銅メダルを獲得している。ペン・パレット・クラブは、三一年にスポーツ作家協会(Association des Ecrivains Sportifs)という公的な組織に再編され、スポーツをテーマにした作品の創作、発表を芸術家に宣揚することや、あらゆる芸術家・作家たちのための種々のスポーツ競技会の開催・運営を目的とする団体になった。この協会が目指したのは、スポーツの美的価値を認め、それをさまざまな芸術形式によって表現し、スポーツ文学のジャンルを確立することだった。のちに協会の会長になったヴィアラールは、そのエッセー『若きスポーツマンへの公開書簡』で、「スポーツするなかで感じ取る固有の身体感覚やさまざまな感情の生起を通じて自分自身と向き合う経験は、一回性の経験として身体にしまいこむのではなく、言葉を与えることで身体から解き放ち、書くことでその経験に持続性をもたせたいという欲求を生む」と述べ、「そのような精神的営みが、身体をいっそう豊かに発達させる」[17]と、スポーツと文学が結び付くことの意義を若いスポーツ選手に向けて語りかけている。

一九二〇年代のスポーツ文学ブームを牽引した青年作家や芸術家たちは、スポーツをするだけでなく、水、空気、太陽光と触れ合うことで自分の身体に沸き起こるセンセーションや、スポーツする身体が感じ取る道徳的・美的・心理的印象を、きめ細かく正確に言葉にすることで、身体の価値を復権させようとした。それは、クーベルタンが描いた「筋肉と精神との結婚」のユニークな実践であり、二十世紀初頭の時代を生きる青年たちが、自らの感性でこれまでになかった身体観やスポーツの意義を提示し、新しい身体文化を構築しようとする気概に満ちた取り組みだった。二〇年代のフランスのスポーツ文学運動に、クーベルタンのオリンピズムは一種の触媒として機能したともいえるだろう。

一九二〇年代のスポーツ文学のオリジナリティー

一九二〇年代のフランスのスポーツ文学の作品傾向を少しみておこう。その特徴的な文体の一つに、スポーツを美的、倫理的な観点から考察し、それを簡潔な言葉で表現する格言や箴言がある。代表的な作品に、ジロドゥが二八年に発表した『スポーツ』があげられる。大学時代に四百メートル走のチャンピオンとなり、サッカーやラグビーも愛好したジロドゥは、「チャンピオンと記録」と題する章で、トラックを周回して走る陸上競技について、「真の競走とは、ある地点から別のある地点へ向かうものなのではない。ある地点から同じ地点へと戻るものなのだ」と書いている。ここでジロドゥは、スタートからゴールまで直線を走るのではなく、スタートしてからまた起点へ戻り、再び同じ周回を繰り返すトラック走に「真の競走」がもつ無限性を想起している。続く格言では、ジロドゥはまた、「トラックとは無限のイメージである。ランナーは、そこにそれぞれ自分の好きな距離を切り取る(18)」と書いている。

モンテルランも、古代ギリシャの彫像や、ホメロスやピンダロスの詩にみられるギリシャ的世界のイメージをモチーフに、独特の詩情を漂わせる文体でスポーツを美的、倫理的に探求した作家である。スポーツをテーマにした詩的散文、短篇、対話劇などで構成した『剣の影の楽園』と『ポルト・ドレの前のイレブン』というオリンピック二部作を一九二四年に発表し、このうち『剣の影の楽園』が、同年の文学・芸術コンクールに提出された（図2）。この作品に収められた『競技場の栄光』と題する詩的散文で、モンテルランもまた、若い陸上競技選手がトラックを走る姿を次のように描写している。

「古代の人は、「肉体の自然を理解するためには、宇宙の自然を知らなければならない」と言った。いま、私にはたった一つの筋肉、大腿二頭筋の自然を知ることで宇宙の自然を知ることができるように思われる。空間に楕円を描きながらトラックの革命を遂行するとき、彼は惑星と同じリズムで運動している。惑星のように彼は音楽そのものだ[19]」

　ここに登場する「古代の人」とは、古代ギリシャの哲学者であり数学者のピタゴラスを指す。モンテルランは、物事の本質を静かに見つめる行為を通して宇宙の自然を知る観想（テオリア）こそ、オリンピックを観戦する者の最も高貴な精神の営みだとしたピタゴラスの「天球の音楽」理論にもインスピレーションを得ている。そして空間に楕円を描いて走る行為の規則性が生み出すリズムに音楽的ハーモニーを感じ取り、それを壮大な宇宙観にまで拡大している。モンテルランは、まさにスポーツする人間の身体を観想しているといえる。

図2　モンテルラン『剣の影の楽園』（1924年）

　これらの格言や詩的散文でジロドゥやモンテルランが示唆するのは、スポーツの無償性や無益の本質といえる。自らの意志でおこなう純粋な身体的努力は、何かに役立てられるためではなく、行為そのものの遂行に費やされ、使い果たされる。その体力を使い尽くす行為の無償性のなかで身体が自由になることに、作家たちは人間の生の本質を見るのであり、その身体をよく見つめ、言葉や芸術で表現しようとする精神的営みもまた、生きることをより豊かにするものとして捉えられているのである。

3　日本における芸術家たちのスポーツ・ネットワーク形成

スポーツ・ジャーナリズムの勃興とスポーツ総合誌の登場

二十世紀初頭の日本でも、新しい身体文化としてのスポーツが社会に少しずつ根を下ろし、これを啓蒙する活字言説が登場するようになった。その嚆矢の一つが、一九〇六年三月創刊のスポーツ娯楽総合誌「遊楽雑誌」（近事画報社）（図3）である。代表作『武蔵野』（民友社）で知られる自然主義作家・国木田独歩が、近事画報社の雑誌編集長に招聘され、写真と絵画を盛り込んだ日本初の本格的グラフ誌を数々手がけるなかで、欧米文化としてのスポーツを知識人層に向けて紹介することを目的に発刊した。三月の創刊号から五月発行の第三号までわずか三号を刊行しただけの短命な雑誌だが、各号一ページ縦二段組み全二百八十八ページの読みごたえがある紙幅とバラエティーに富む内容からは、編集者の独歩や寄稿者たちのスポーツ娯楽専門誌作りへの意気込みが伝わってくる。[20]「遊楽雑誌」巻頭には、内外のスポーツ風景や選手たちの写真を掲載した数ページのグラビアページが設けられていた。各号の約半分は、欧米から移入し明治後期には揺るぎない人気を確立していた野球、庭球、端艇（ボート競技）や海外のスポーツ事情を紹介したスポーツ関係記事で占められていた。残りの半分が、釣り、鳥捕り、園芸、登山、近郊写生など戸外での活動と、歌留多や書画、茶道、活花など室内の趣味的活動の記事である。弓術や角力などの伝統的身体文化も取り上げられ、西洋伝来のモダンなスポーツと日本人が慣れ親しんできた技芸事とをカップリングした構成は、この雑誌が幅広い読者を対象に遊楽文化の構築を目指していたことを物語っている。

同時期にはほかにも、冒険小説作家の押川春浪が編集した「冒険世界」がスポーツ関係の記事やコラムを毎号掲載していた。この時期、雑誌という新しいメディアの活字言説は、報道性や批評性をもつスポーツ・ジャーナリズムを志向しながら、これに文芸性を加味して欧米から移入したスポーツ文化を日本の読者に啓蒙する役割を果たしていたのである。[21]

図3　「遊楽雑誌」創刊号（1906年3月）（表紙絵：小杉未醒）

文士や芸術家たちのスポーツ・ネットワーク
——ポプラ倶楽部と天狗倶楽部

「遊楽雑誌」や「冒険世界」の表紙絵や挿絵を洗練されたタッチで描いたのが、国木田独歩や押川春浪とも旧知の間柄にあった画家・小杉未醒（のちに放庵）である。テニスを愛好した画家としても知られる未醒は、二十世紀初頭、野球を愛好した春浪ともつながりながら青年文士・芸術家のスポーツ・ネットワークを形成した。

未醒は、画家仲間との瀬戸内海スケッチ旅行の画文集を上梓して得た印税を資金に、一九一〇年頃、東京・田端の自宅近くに約千平方メートル（三百坪）ほどの土地を借りて地ならしし、二面のテニスコートと木造のクラブハウスを建てた。敷地周辺に小豆島から取り寄せたポプラを植えたことから、このクラブはポプラ倶楽部と呼ばれるようになる。この倶楽部が、青年芸術家たちの一種の社交場となり、のちにテニス愛好家たちの市民社交クラブへと変化していく。

未醒がこのようなテニスクラブを創設した動機はどこにあったのだろうか。田端に長く暮らした作家・近藤富枝が、芥川龍之介や室生犀星、菊地寛など田端に居を構えた作家や芸術家たちの濃密な交流を回想してまとめた『田端文士村』によると、その経緯は次のようなものだった。「小杉未醒を大将とする太平洋画会の一派ときたら、あくの強い暴れ者ぞろいだ。酒を飲み、組討ちすることばかり考えている。それがヨーロッパへ洋画修行に行き、あちらの画家たちがクラブを作りテニスをし、優雅に談笑している姿を見て、すっかり感心してしまった」[22]。未醒が留学のために渡欧したのは一九一三年であり、ポプラ倶楽部は実際には未醒の渡欧以前に創設されている。未醒は、一年間の留学を通じてスポーツクラブ創設を思いついたのではなく、渡欧する前から、芸術家たちが集まり、若い身体のもてるエネルギーをスポーツで発散し、酒を飲み浮かれ騒いでも周囲に遠慮のいらない社交の場を夢想し、それを実現させたのだと考えられる。

「未醒をはじめ、生まれてはじめてラケットを握るものだから、大変なさわぎ、美術学校でテニスの選手だった藤井浩祐が引っ張り出されて教授役をつとめ」、クラブハウスが建つと「運動に不得手な連中は碁、将棋に興じたり、謡をうなる者、相撲をとる者、撃剣をやる者など、大変な賑わいになった。月に一度は講師を招いて、むずかしい話も聞き、そのあとは飲めや歌えの大騒動が隣の森にこだまするのが習わしとなった[23]」という様子から、ポプラ倶楽部が、ハイカラな社交クラブというよりも、むしろ野蛮（バンカラ）な雰囲気を漂わせた青年たちの愉快な交遊の場だったことが想像できる。

これとほぼ同時期、押川春浪もスポーツ倶楽部・天狗倶楽部を結成している。一九〇九年四月、春浪は独歩を介して親しくなった中沢臨川と羽田に運動場を作り、日本運動倶楽部という公的な団体を組織してスポーツ振興に乗り出した。この運動場では、一一年、翌年のオリンピック・ストックホルム大会へ日本から初めて派遣する代表選手の選考会もおこなわれている。この倶楽部のメンバーたちが、私的なスポーツ・レクリエーション倶楽部として天狗倶楽部を五月に結成した。倶楽部の目的は、「戸外の爽快な空気に触れて、肉体の凜々しい活動を試みる心気転換法」と、一個の社交倶楽部、すなわち「最も健全なる趣味に結合する団体、幅に於いては諸種の人物の連合[24]」にあった。そこには、自由な意思のもとに集った仕事や専門領域が異なる人々の「遊戯する身体」の交歓があったといえる。

春浪が発行していた雑誌「武侠世界」一九一四年十一月号（武侠世界社）には天狗倶楽部結成時の名簿が再掲されているが、それによると結成当時のメンバーの数は六十有余人で、そのなかには小杉未醒の名前も確認できる。春浪の天狗倶楽部と未醒のポプラ倶楽部は、そのメンバーのかなりの数が両方に重複して所属していた。両者はしばしば合流して活動し、ポプラと天狗とを合体させた「ポプ天遠征」なるものもおこなわれた。彼らは日本各地を旅し、現地のチームと野球やテニスの試合で対戦し、夜は大いに酒を酌み交わし談笑した。そして、自分たちの愉快なバンカラ旅行やスポーツ実践の記録を雑誌に掲載したのである。(25)

小杉未醒が見た「遊戯する身体」

早稲田大学庭球部出身で、雑誌「ローンテニス」(ローン・テニス社)や「武侠世界」の編集主幹を務め、ジャーナリストとしても活躍した針重敬喜もまた田端の住人で、未醒や春浪のスポーツ・ネットワークの主要メンバーの一人である。未醒とは姻戚関係にあったことから、私家版として発行された彼の遺稿集『テニスの人々――針重敬喜遺稿』(渡部一郎)には、未醒が「武侠世界」に寄稿した観戦記や遠征記も数編再録されている。このうち、一九二九年にフランスのテニス選手アンリ・コシェが来日した折、未醒が試合を観戦して「武侠世界」に寄せた「日仏庭球数事」と題する文章には、運動する身体に向けられた未醒の画家らしいすぐれた観察眼と描写センスのさえをうかがうことができる。

「苦味走って青白く、怒りっぽく、わがままで、よく怒りよく笑う神経質、美男コウシェのおもざしを見て居る事は面白い。多くの場合、我々はコートの上にただ勝つプレーヤーと負けるプレーヤーとがラケットと共に動くのを見る。コウシェの如くある個性が顕著に浮動するのを見るのは稀である」

「コートの上の日本のプレーヤーの何ぞしかく陰鬱なるや、仏国選手の動く所明るく、日本選手のコートは暗い。彼等は楽んで遊ぶが如く、是等は忍んで事に従うに似て居る。不思議な事には、日本選手の中で若い人ほど陰気で、ヴェテランに近いほどそれが薄れる。年を取れば考が自由になると見える。（略）アメリカ人のスポーツに至ると、是れは又、見物を頭に置き過ぎる。舞台の上の玄人の如き、手擦れのした愛嬌をさえ示す。フランス人は派手だが品悪からず、日本人はお互いどうして無愛嬌故地味なのは致し方なし。地味の中に明快を求めたい、スポーツは生死一大事の合戦でもなく、人生の余裕より生じた遊戯だから」[26]

図4　針重敬喜『テニスの人々』（1968年）（表紙絵；小杉未醒）

ゲームとともにプレーヤーの個性もテニスの見巧者として楽しみながら、未醒は「人生の余裕より生じた遊戯」として、自由な意思と精神的余裕をもってスポーツに取り組むことに「テニスの味」があると考えていたことがうかがえる。

国民気質を反映するような各国選手達のコート上の様子を観察した描写は、本質を突いたスポーツ比較文化論にもなっている。そこでは、フランスのジロドゥやモンテルランにも通じる未醒によるスポーツの「観想」が実践されているといえるだろう。未醒は、スポーツ活動に常に「遊戯する身体」を見ていた。彼にとって、スポーツすることは愉快で、ゲーム（試合）する人を見るのもまた愉快で、その愉快な気分は、彼の芸術表現形式を媒介して軽快で洒脱な彼の画風や文章に転写されていたといえるのではないだろうか。『テニスの人々』の表紙には、古代オリンピックの競技者たちの運動する姿を描いた勝者に贈られる酒杯になぞらえ、テニスをする自身の姿をあしらった未醒による酒杯の絵が描かれている（図4）。

文壇スポーツ・ネットワークの「愉快」の探求

春浪を中心に結成された天狗倶楽部の「趣味に結合する諸種の人物の団体」という理念は、一九二〇年代にフランスで結成されたペン・パレット・クラブや後身となるスポーツ作家協会の「クラブ」や「協会」と、「交際、結合」の語義において通底がみられる。フランスで青年作家や芸術家たちがスポーツを目的に結合したのと同様、春浪の天狗倶楽部や未醒のポプラ倶楽部のメンバーは、遊戯としての運動を目的に結合した。二十世紀初頭に形成されたこれら日本の青年文士、芸術家たちのスポーツ・ネットワークは、多くの人が雑誌出版事業に関わるなど、スポーツ実践だけでなく、スポーツ・ジャーナリズムの基盤を作り上げ、スポーツの価値や意義を文筆、芸術の面から支えるネットワークでもあった。彼らは直接スポーツをテーマにした文学作品や芸術作品を創作したわけではないが、いわばペンや絵筆の力で、スポーツという文化やその愉快な気分を盛り上げようとした。ここにも二〇年代フランスのスポーツ作家協会と、日本の文壇スポーツ・ネットワークとの相似性を見いだせる。

山口昌男は、このネットワークでの春浪と未醒との関係性を、「一見、国士とも見える共通感情の底に、自然を前にして肉体と精神のモデルを絶えずつくり変えて、より包括的な感情の中で生き直そうとする人たちの連関[27]」と捉えている。さらに山口は、ポプラ倶楽部のメンバーたちのテニスや飲酒や遠征旅行は、「身体を同じモデルの別の現れである「動き」の中に動かしていくこと」であり、その流動性は彼らの開発した「精神の格闘技のようなもの」だったのではないかと指摘している[28]。彼らにとって、スポーツする主体とは、自由意思に基づいて遊戯する身体存在としての人間であり、その実践の核にあったのは、自発的な身体的努力のなかに生まれる、あるいは社交という他者の身体との交歓のなかで醸成される「愉快」という感覚の探求だったのではないだろうか。

二十世紀初頭の近代日本に普及した西洋出自のハイカラなスポーツは、その対極にある粗野とも野蛮ともいえる態度、すなわちバンカラを標榜して日本の青年たちに受容された。それは、社会に出て屋内での実務に従事する仕事に就く者が多くなった近代社会で、学生時代にスポーツに没頭した「オールドボーイス」たちが、屋外に出て爽快な空気に触れて活力を取り戻す意義が見いだされたという点で、「余暇」という概念を先取りする実践でもあった。仕事に追われ、精神が張り詰める日常のなかに、身体活動を通じて精神を解放する時間を作り出すことは、肉体と精神とが分断されたり引き裂かれたりすることなく生きることを追求する哲学の実践、クーベルタンの言葉を用いて敷衍すれば、「筋肉と精神との結婚」を探求することだったともいえるだろう。

おわりに

近代オリンピック競技会開催の決議は、一八九四年六月二十三日にパリ大学ソルボンヌの大講堂でおこなわれた。この大講堂には、八七年にフランス人画家ピュヴィス・ド・シャバンヌによって製作された『諸科学の寓意』と題する大壁画がある。スポーツ教育からオリンピックを構想したクーベルタンにとって、この講堂は、スポーツに知的・芸術的背光をもたせ、人間性の開花の象徴を可視化するうえで格好の場所だった。そのシャバンヌは、小杉未醒が最も尊敬した画家である。当時シャバンヌに傾倒した多くの日本人画家たちがそうしたように、未醒もまた、渡欧の際、シャバンヌ製作の壁画を見て回った。未醒は、一九二五年に東京大学大講堂（通称・安田講堂）の舞台正面に『湧泉』と『採果』と題する壁画を製作しているが、そこにはシャバンヌの影響を受け、知恵が泉のように湧き出し、それが実を結ぶという学びの場にふさわしいテーマが、日本画の要素も取り入れたフレスコ画風の淡いタッチで描かれている[29]。

未醒らが属したスポーツ・ネットワークは、フランスのスポーツ作家たちのネットワークのように、クーベルタンのオリンピズムの影響を直接受けたわけではない。しかし、彼らが青年として迎えた二十世紀初頭は、諸科学の進歩に大きな期待が寄せられ、学問や教養としての文学の、世界を俯瞰し、探索し、あるいは人間を省察する力が輝きを放ち、またスポーツにも、心身を解放する遊戯性と人間性を開花させる教育的意義が付与され、平和とヒューマニズムの理念を携え近代オリンピックが創出された時代だった。精神の解放と身体の自由をスポーツに夢想した点で、日本の青年文士や芸術家たちは、クーベルタンや彼のオリンピズムに呼応したフランスの青年作家や芸術家たちと同じ時代の空気を共有していたといえるのではないだろうか。そこには、同じ時代を生き、専門とする領域は違っても、新しい身体文化の構築を目指すという意味で共通の教養基盤や共通の価値観をもつ人同士が共鳴し、生き方において共振するゆるやかな結合があったといえる。

フランスのスポーツ作家協会は、一九四三年からフランス語作品を対象にスポーツ文学大賞を設け、その後、外国語作品枠を増設した。さらに六四年からは、オリンピック開催年にオリンピック精神に寄与する文学・芸術作品、あるいは社会的・政治的活動で貢献した人物にピエール・ド・クーベルタン賞を贈っている。賞はフランス・スポーツ省によって授与され、協会の活動は公的権威を取り付けながら現在まで展開している。

日本の文壇スポーツ・ネットワークは、春浪の夭逝や、太平洋戦争の戦禍によるポプラ倶楽部のコート焼失など、その活動の断絶を経験せざるをえなかった。しかし、戦後の復興を象徴する一九六四年のオリンピック・東京大会では、多くの日本の文学者たちがオリンピックを観戦して筆をとった(30)ことをみると、オリンピズムと結節したスポーツと文学の接近は、目に見えないところで引き継がれていたとも捉えることができる。

二十世紀初頭には、個人がその身体を通して現実を学び、遊戯の楽しさや運動がもたらす快楽を発見しながら生を謳歌し、さらに、そのような個人が集まり、身体活動を通じて交際し語り合うある種の「身体的な知」の共同体が存在した。クーベルタンがオリンピズムの思想的支柱とした「筋肉と精神との結婚」の理念は、二十一世紀を迎えたいま、知性や感性を磨く身体文化としてのオリンピックの意味を問い直し、スポーツする身体の客観的批評者とも、感性豊かな詩人ともなる人々の「身体的な知」の共同体を再構築する必要性を訴えかけているように思われる。

注

（1）「自らを生成していくこと」をクーベルタンは、「存在の生成」を意味する le devenir de l'être というフランス語で表現している。Boulongne, La vie et l'œuvre pédagogique de Pierre de Coubertin 1863-1937, Lemeac, 1975, p.381.

（2）一九〇六年のオリンピック・コングレスのテーマのキーワード marriage。「筋肉と精神との結婚」に関しては、和田浩一「筋肉と精神の「偉大な結婚」――近代オリンピックにおけるスポーツと芸術の結合」（「現代スポーツ評論」第三十五号、創文企画、二〇一六年、四六―五八ページ）を参照。

（3）Coubertin, P. de., Pedagogie Sportive, Cres,1922.（J. Vrin, 1972.）『スポーツ教育学』の構成とその方法論的枠組みや叙述についての考察は、小石原美保『クーベルタンとモンテルラン――二十世紀初頭におけるフランスのスポーツ思想』（不昧堂出版、一九九五年）を参照。

（4）Coubertin, Pedagogie Sportive., 1922, p.127.

（5）Coubertin, Pedagogie Sportive., 1922, p.133.

（6）Coubertin, Anthologie, Roubaud, 1933, pp.166-168.

（7）Coubertin, Une Campagne de vingt-et-un ans, Librairie de l'Éducation Physique, 1908, p.192.

（8）文学・芸術コンクールは一九一二年のストックホルム大会から四八年のロンドン大会まで開催された。各大会のコンクールに提出された作品や作者のリスト、表彰結果などは、Stanton, Richard., The Forgotten Olympic Art Competitions, Trafford, 2000. を参照。

（9）Revue pour les Française, juin 1906, pp211-215. In Comité International Olympique, Pierre de Coubertin: Textes Choisis, tome II, Weidmann, 1986, pp.493-496.

（10）Coubertin, Pedagogie Sportive, 1922, p.146.

（11）Coubertin, Pedagogie Sportive, 1922, p.147.

（12）前掲「筋肉と精神の「偉大な結婚」」五四ページ

（13）Revue Olympique, déc. 1912, pp.179-181. In Pierre de Coubertin: Textes Choisis, tome III, pp. 665-667.

（14）Revue Olympique, février 1910, pp22-25.

（15）一九二〇年代のスポーツ文学ブームを中心に、フランス文学のスポーツのテーマについて網羅的に文献渉猟し、一八七〇年から一九七〇年までの百年間の変遷と傾向を分析したシャールトンの研究を参照。Charreton, P., Les Fêtes du Corps : Histoire et Tendences de la Littérature à Thème Sportif en France 1870-1970, CIEREC-Université de Saint-Etienne, 1985.（邦訳：ピエール・シャールトン『フランス文学とスポーツ――一八七〇―一九七〇』三好郁朗訳〔りぶらりあ選書〕、法政大学出版局、一九八九年）

（16）Vialar, P., Lettre ouverte à un jeune sportif, Albin Michel, 1967. p.78.

（17）Vialar, Lettre ouverte à un jeune sportif, pp.73-75.

（18）Giraudoux, J., Le Sport, Hachette, 1928.［Grasset et Fasquelle, 1977］p.41
（19）Montherlant, H.de., Le Paradis à l'ombre de épées, Bernard Grasset, 1924. p.84
（20）国木田独歩の生涯と彼が心血を注いだ編集者としての仕事や交友関係については、黒岩比佐子『編集者国木田独歩の時代』（〔角川選書〕、角川学芸出版、二〇〇七年）を参照。黒岩によれば、「遊楽雑誌」がわずか三号を発行して休刊に至った背景には、近事画報社の急速な経営悪化があった。
（21）「冒険世界」は押川春浪が主筆となって一九〇八年に博文館が創刊した。少年読者を対象に科学冒険小説をメインにした雑誌で、全百二十八ページのうち、毎号最後の十ページほどが運動関係記事だった。一九〇八年九月号には、同年七月に開催されたロンドン・オリンピックの報告を当時アメリカ滞在中の早稲田大学野球部ＯＢの橋戸信が寄せている。このほかに、〇六年十一月に運友社が創刊し、一年六カ月にわたって発行した「運動之友」、〇八年四月に早稲田大学庭球部ＯＢの水谷武が中心となって発刊した「運動世界」などのスポーツ専門誌があった。
（22）近藤富枝『田端文士村』（中公文庫）、中央公論社、一九八三年、三二ページ
（23）同書三二―三三ページ
（24）押川春浪の人物像やその仕事に関しては、以下の横田の評伝を参照。横田順彌『熱血児押川春浪――野球害毒論と新渡戸稲造』三一書房、一九九一年、横田順彌『快絶壮遊「天狗倶楽部」――明治バンカラ交遊録』（江戸東京ライブラリー）、教育出版、一九九九年。天狗倶楽部結成の経緯と目的については、横田の前掲『快絶壮遊「天狗倶楽部」』二〇五―二〇七ページに引用された「運動世界」一九一〇年一月号（運動世界社）掲載「天狗倶楽部の初めとこれから」の春浪の談話を参照した。
（25）たとえば、春浪が編集主幹を務めた「冒険世界」には、創刊年にこの雑誌が企画した天幕旅行大運動会という一泊二日のキャンプ形式のスポーツイベントの案内広告や、運動会実施後の同行記者の報

告や運動会の成績結果などを掲載している。「冒険世界」一九〇八年七月号、博文館、巻頭ページ、「天幕旅行大運動会」、同誌一九〇八年八月号、一―八ページ、「雷飛び、風驚く鴻の壱の一書夜――冒険世界天幕旅行大運動会壮観」。未醒も「冒険世界」に挿絵だけでなく、バンカラ旅行記や羽田運動場のスポーツ観戦記などで協力している。

(26) 針重敬喜『テニスの人々――針重敬喜遺稿』渡部一郎、一九六八年、九一―九三ページ。アンリ・コシェは一九二二年からフランスのデビス杯代表で、二四年パリ・オリンピックで銀メダルを獲得、二九年に四人の選手とともに日仏対抗戦のために来日した。

(27) 山口昌男「小杉放庵のスポーツ・ネットワーク――大正日本における身体的知」『「敗者」の精神史』下（岩波現代文庫、学術）、岩波書店、二〇〇五年、二一三ページ

(28) 同書二七〇ページ

(29) 林洋子「東京大学・安田講堂内壁画について――小杉未醒と藤島武二の試み」（「東京大学史紀要」第九号、東京大学百年史編集室、一九九一年、一―二五ページ）を参照。

(30) 例えば、『東京オリンピック――文学者の見た世紀の祭典』講談社、一九六四年（講談社学芸文庫、二〇一四年）。

第2部　日本とオリンピズムの出合い

第3章　戦前のスポーツ界の足跡——オリンピック初参加から幻に至るまで

石坂友司

はじめに

第1部では、ピエール・ド・クーベルタンがどのようにしてオリンピックを創設し、理念を紡いできたのか、誤解されることも多いその内実について明らかにしてきた。第2部では、日本はオリンピックをどのように受容していったのかについて見ていきたい。そこで注目するのはオリンピックへの選手派遣組織である大日本体育協会（以下、体協と略記）を創設し、国民体育の普及・発展を目指した初代会長の嘉納治五郎の存在である。周知のように、嘉納は講道館柔道の創始者としても知られ、教育者として、またＩＯＣ委員としても活躍するなど多様な顔をもつ。以下の章では、嘉納が構想した国民体育の内実（井上俊「第４章　嘉納治五郎の国民体育構想とオリンピズム」）、そして西洋的なオリンピックの価値観にも変更を迫った「精力善用・自他共栄」の思想を解き明かしていく（坂上康博「第５章　柔道思想とオリンピズムの交錯――嘉納治五郎の「自他共栄」思想」）。

それに先駆け、まず本章では嘉納がどのようにして体協創設を成し遂げ、一九四〇年の「幻の東京オリンピック」（以下、東京大会と略記）招致に邁進していくに至ったのか、スポーツ界の成立を体協の設立・発展に求めながら、日本におけるオリンピックと国家との関係性を描き出すことにしたい。(1) 加えて、嘉納から体協を任された第二代会長・岸清一、岸からＩＯＣ委員を託された副島道正の存在を重視しながら、スポーツ界の動向を整理していきたい。ここでは社会学者ピエール・ブルデューが象徴的権力の分析で示した指摘が導きの糸となる。(2) ブルデューは、象徴的権力の発動がある代表者によって担われる性格をもつことを権限委託の問題として以下のように述べる。

代表者が存在するからこそ、彼が代表する（象徴的行為）からこそ、代表され、象徴される集団が存在するのであり、反転して、今度はその集団が、一個の集団の代表者として己れの代表者を存在させる。(3)

クーベルタンの存在と理念がオリンピックを代表し、オリンピックの発展がクーベルタンを際立たせたように、日本のオリンピックは体協会長の嘉納と岸によって代表され、成長を遂げていったのである。まずは体協成立の経緯から眺めていくことにしよう。

1　大日本体育協会の設立とオリンピックへの初参加

一九一〇年代までのスポーツ界

オリンピックとの関係が築かれようとしていた一九一〇年代、日本ではどのようなスポーツが盛んだったのだろうか。明治時代、真っ先に近代スポーツにとびついたのは学生たちだった。一八八六年三月に帝国大学が設立されると、その年の七月には漕艇部（以下、ボート部と表記）、陸上運動部、球戯部、水泳部、柔道部、撃剣部、弓術部の七部からなる帝国大学運動会が組織され、春と秋に水上大会（ボート競漕）と陸上大会を開催した。八七年におこなわれた第一回春季競漕大会で総長の渡辺洪基は、運動によって身体を鍛えることは学問や精神の修養でも重要な役割が期待されており、完全充美な学士（エリート）としての必要不可欠な資質であることを述べている。(4)

圧倒的な人気を誇っていたのは西洋文化を表出していたボート競技だった。ここにはイギリスからやってきたお雇い外国人、F・W・ストレンジの影響を強く見ることができる。ストレンジはイギリスで陸上競技やボートを熱心におこない、東京英語学校（のちの旧制一高）の学生たちを中心にスポーツマンシップを伝えた。(5)ストレンジの影響を最も強く受けたのが体協の副会長を務めた武田千代三郎で、アマチュアリズムに関する論考などをまとめている。(6)

ボート部の武田や岸をはじめとして、この運動会にはのちに日本のスポーツ界の中枢を占める人材が多く含まれている（図1）。一九六四年東京オリンピックに際して都知事を務めた東龍太郎、組織委員会会長の安川第五郎などもボート人脈の一人である。

隅田川で開催された競漕会は春の風物詩となった。なかでも学科の対抗競漕の選手として選ばれ活躍することは、ブルーと呼ばれて最高の名誉を与えられるイギリスのオックスフォード／ケンブリッジの対抗戦に近く、選手たちの多くが以後のスポーツ界を支える存在として登場する。また、競漕会には大臣やその令嬢、外国公使、さらには皇族までが招待されていた。第一回競漕会には明宮嘉仁、のちの大正天皇が行啓し、渡辺総長を伴って舟の上から観覧している。以後、嘉仁は競漕会に毎年姿を見せ、一八九〇年の第四回大会には金百円を下賜している。以上のことは、この競漕

図1　ボートレースにおける岸清一（後列左、後列右は武田千代三郎）
（出典：岸同門会編『岸清一伝』岸同門会、1939年）

会が皇族をも引き寄せる一大イベントだったこと、さらにはそのことがエリートとしての帝国大学生の存在を内外に示す象徴性を一段と高めたことを如実に示している。

岸がボート競技のネットワーク（ブルデューの言葉を借りれば社会関係資本）を獲得していく一方で、嘉納は柔術修養への道を進み、のちに講道館柔道の創設に至る。(7) 幼少期に身体薄弱とされた嘉納は、岸とともに運動を経て身体的な強靭さをもってたたえられる存在になっていったのである。

二十世紀に入り、学生たちの関心はボートから野球へと移る。手軽さに加え、ゲーム的な面白さが最大の要因となったことは言うまでもない。体協創設時の総務理事、安部磯雄が関係する私学運動部が隆盛を迎え、なかでも早稲田の野球部はアメリカ遠征を挙行し、先進的な技術摂取に努めるとともに、入場料をとって試合をおこなうという商業主義的な仕組みを取り入れ、野球界の覇権を獲得していった。こうした動きは「野球害毒論争」を引き起こし、「東京朝日新聞」紙上（一九一一年八月から九月にかけて連載）などで展開された識者による野球排斥・擁護論の応酬へとつながっていくことになる。この論争は野球人気の大きさを示すとともに、スポーツと学業の関係性を初めて問い直すことにつながった。(8) 体協が設立され、オリンピックの予選会が初めておこなわれた一九一一年の夏は、このような時代状況にあったのである。

前置きが長くなったが、帝国大学とボート競技を通して培われたネットワークが以後の体協を支え、東京大会をはじめとする日本のオリンピック招致を下支えしたことは明記しておく必要があるだろう。

大日本体育協会の設立――ストックホルム大会への参加

嘉納は一九〇九年、駐日フランス大使ゼラールからオリンピックへの参加を打診された。当初嘉納は選出母体を文部省や日本体育会に委託するがいずれも断られ、新たな体育団体の創設を学校組織にはかることにした。第一回の会合を一一年に旧学士会館でもち、帝国大学から書記官中村恭平、早稲田大学から運動部部長安部磯雄、高等師範学校から体育部主任永井道明、可児徳の参集を得て一二年ストックホルムオリンピックへの参加を決めた。この大会で監督を務める大森兵蔵らものちに加わり、七月に体協が設立された。

ここにオリンピック参加に向けた第一歩が刻まれた。十月七日に発表された「国際オリンピック大会選手予選開催趣意書」は以下のように始まる。

> 国家の盛衰は国民精神の消長により、国民精神の消長は国民体力の強弱に関係し、国民体力の強弱はその国民たる個人および団体が特に体育に留意すると否とによりてわかるることは世のあまねく知るところに候。（略）我が国体育の現状と世界の大勢とに鑑み、ここに大日本体育協会を組織し、内はもって我が国民体育の発達を図り、外はもって国際オリンピック大会に参加するの計画を立てんことを決議仕り、まずその第一着手として別記要項により国際オリンピック大会選手予選会を開く事に相成り候(9)

図2　ストックホルム大会の日本選手団（後列左が嘉納）
（出典：The Swedish Olympic Committee, The Official Report of the Olympic Games of Stockholm 1912, 1913）

嘉納の国民体育の思想と、それによって作られた国民体操については第4章が詳しく論じるが、運動競技の振興ではなく、あくまでも国民体育の奨励を目的とした思想は嘉納が追い求める国家の形につながっていた。嘉納は先に見たボート競技や野球を、費用や設備を要することなどから不適とし、学校体育に導入されていた普通体操も号令に合わせて身体を動かすだけで面白みがないとして、不完全だと述べている(10)。

体協設立当初、役員として名前を連ねたのは会長の嘉納のほかに総務理事の永井、大森、安部の四人である。やがて国民体育の思想を大きく離れて、競技スポーツへと傾倒していくことになる体協の姿を嘉納は予想していなかっただろう。

一九一一年十一月、オリンピック選手の予選会を兼ねた陸上競技大会が羽田競技場で開催され、マラソンの金栗四三（高等師範学校）、短距離の三島弥彦（帝国大学）が日本初のオリンピック選手として選考された。ストックホルム大会には二人の選手のほかに、嘉納と大森、ドイツに滞在中の田島錦治[11]が入場行進をおこない、オリンピックの歴史に初めて日本の足跡を刻んだ（図２）。この選手派遣費は約五千円で、嘉納や実業家の渋沢栄一などの寄付によってまかなわれた。

初のオリンピック参加を終えた体協は、一九一三年に組織の規約改正に着手した。改正された規約では、協会が日本国内の諸学校体育部と体育に関する諸団体の中央機関と定められ、国民体育事業の中心的役割を担うことが標榜された。経費は翼賛員と呼ばれる二十三人の寄付者からの出資（一九一五年までに一万千五百円を出資）などによってまかなわれた。この年から武田が副会長に就いた。岸は、武田の関西転出によってスポーツ界の表舞台に登場し、一九一七年に極東選手権競技大会[12]（以下、極東大会と略記）の第二副会長として推挙された。このとき五十一歳だった岸は、〇八年ロンドンオリンピックの観戦経験があったものの、翼賛員として体協に寄付をしていたほかは、スポーツ界と積極的な関わりをもっていない。武田と岸は帝国大学運動会ボート部の盟友であり、ともにストレンジに指導を受けた間柄だった。当時のスポーツ界は、このような人脈によって支えられていたのである。岸は大学卒業後弁護士（代言人）として活躍し、会社経営に法律顧問として参画するほか、外資との合弁会社設立に先鞭をつけたことで知られる。[13]のちに築かれる財閥との関係や、体協につぎ込まれた多額の資金は岸のこうしたネットワークを足がかりにしていた。岸が体協理事に選任されるのは一九年になってのことである。

2 国家的スポーツ政策としてのオリンピック

体協の組織改編と国家への接近

一九二一年、嘉納は講道館文化会設立のために体協名誉会長に退き、岸が第二代会長になった。この年、体協は大幅な規約改正をおこない、オリンピック参加の目的を明確化した。[14] また、経費の調達手段に関して、初めて政府の補助金を頼りにする条項を盛り込んだ。この改定は、それまで翼賛員と呼ばれた大口の寄付者と維持員と呼ばれた恒常的な寄付者を維持会員という身分に統一し、維持会員↓理事↓会長選任へと至る制度改革で、スポーツ関係者の関与を強めるものであった。[15]

これに先立つ一九二〇年、アントワープ大会の出場に際して、体協は初めて国庫補助請願をおこなっている。実現こそしなかったが、体協は国庫補助を受けるための組織作りに着手し、財団法人化の準備を開始した。その論拠となったのが、体協の事業が国家的事業として認識されようとしていること、そして国家のために微力を尽くすという実践と名目のために組織の基礎固めをおこなう必要があるというものだった。[16] 法人化準備金として用意された九万円のうち、岩崎家と三井家から各三万円の寄付を集め、残りの三万円は会長の岸が用立てた。このことからも、岸が体協内で圧倒的な発言力を有していたことがうかがえる。

一部の支援者に支えられてきた体協と国家の最初の出会いが、ここに見いだされる。文部省体育課長の北豊吉が回顧するように、当時のスポーツ関係者は政府と手をつないだり、頭を下げたりすることは一種の恥辱と考える傾向にあり、一方で政府もそのような事業を国家として取り扱うのは不適と考えていたようだ[17]。

財政基盤の確立は体協にとって急務であった。体協はさまざまなかたちで国庫請願を続けていくことになるが、一九二一年に上海でおこなわれた第五回極東大会への選手派遣費として千円が文部省から初めて出されている。オリンピックへの選手派遣費は、二四年パリ大会から六万円が文部、内務大臣の連名で支出され、国家がスポーツ政策に関与し始める象徴的な出来事となった。ただし、このことによって、スポーツの国家的政策化が確立されたとみるのは早計である。例えば、二七年に上海でおこなわれた第八回極東大会への選手派遣費は直前まで体協と政府間で折衝がおこなわれ、六万円の補助金が拠出されたのは選手団が出発する前日のことだった。同様に二八年アムステルダム大会には、以後スポーツ行政を主管することになった文部省から補助金六万円が拠出されたが、これも決定は出発の五日前という駆け込みであった。

パリ大会の選考をめぐっては、官学関係者が多いとの批判から、私学十三校による体協の組織改編を要求する運動、いわゆる「十三校問題」が生じている[18]。この問題はパリ大会での国際陸上競技連盟への加盟をめぐる問題へと飛び火し、満州体育協会の岡部平太らを中心に結成された全日本陸上競技連盟が正式加盟を訴え出て紛糾した。結果として国際陸連に正式加盟されたのは体協で、これを仲介したのはのちにＩＯＣ委員となる在仏日本大使館参事官の杉村陽太郎だった。一連の混乱を経て体協改革が着手され、陸上、水上競技連盟をはじめとする各種の全国的競技団体の連合体として組織そのものの性格を規定し直し、その統括と相互の連絡融和を目的に掲げた。この結果、寄付や拠出金でこれまで体協を支えていた賛助会員（名称統一）からなる理事数が全体の三分の一に制限され、残りの理事は各競技団体から選出されることになるなど、見かけ上はスポーツ関係者を中心とした組織が成立した。ちなみに、岸は賛助会員枠で会長にとどまることになる。

スポーツの国家政策化

国家的なスポーツ政策は一九二〇年代に姿を現すとされる[19]が、別の側面では内務省と文部省にまたがる縄張り争いの様相も呈していた。例えば、内務省が明治神宮大会を開催したのに対して、文部省が全国体育デーを開催したり、パリ大会への選手派遣費を両省が計上したりするなど、それはさながらスポーツ政策の覇権をめぐる争いだった。坂上康博が示したように、この時期は二一年に皇太子裕仁（昭和天皇）が摂政に就任してから、「昭和天皇（制）始動のイヴェント」として、スポーツを媒介にした皇室と国民の間の関係創出が開始されたこととも軌を一にしている[20]。

この背景には、第一次世界大戦後に国民体力増強へと向けられた世界的な傾向と、国民の保健増進という内務省的な政策が国民体育を看板に掲げてきた体協の主張と合致したこと、さらにはオリンピックを通じた国家間競争が次第に高まりを見せてきたことと関係する。オリンピックの参加国、選手数は増加の一途をたどり、そこでメダルを獲得することが国家の力を内外に示す指標として機能し始めてきたのである。また、これに伴い、オリンピックはアムステルダム大会以後、巨大化する性格を強めていった[21]。ここに至って、体協がスポーツ行政の補完的役割を担っていく根拠が用意されたとみることができるだろう[22]。

一九三〇年一月、スポーツ政策の官民一体化による推進を目的として、体育運動審議会が開催された。そこには嘉納、岸のほか、大日本武徳会会長本郷房太郎など、スポーツに関する民間団体関係者が一堂に会した。この審議会では、体育運動の奨励に政府が必要な経費を計上すること、体育運動事業を国家的に統制すること、運動団体と事業の大系を全国的・地方的に統制することなどが答申され、「体育運動の合理的振興方策」をまとめた。この審議会の位置づけについては体育・スポーツ行政機構の確立を意味し、官民協力体制の画期になったとする見方と、あくまでも政府の政策構想に民間サイドの同意を取り付けたにすぎないとする見方が存在する[23]。その後の展開をみると、必ずしも半官半民的な体育行政が推進されたとは言い難いが、岸の会長就任以降、体協が一貫して国庫補助の獲得を目指して政府にはたらきかけを強めてきた一つの帰結と見ることもできる。

3　東京オリンピックが幻になるまで

オリンピック招致への立候補

一九三〇年六月、東京市長・永田秀次郎は、オリンピックを東京に招致する意向を示し、ドイツでおこなわれた世界学生陸上選手権大会で、諸外国の反応を探るように総監督の山本忠興へ依頼した。そこでは関東大震災からの復興と、帝都東京の繁栄を内外に示すことが掲げられ、皇紀二千六

図3　ロス大会でのIOC委員との宴席（手前左が岸、手前右が嘉納）
（出 典：The Organizing Committee of the XIIth Olympiad Tokyo 1940, Report of the Organizing Committee on Its Work for the XIIth Olympic Games of 1940 in Tokyo until the Relinquishment, 1938）

百年にあたる四〇年を祝うことにもつながるとされた。

　オリンピックは都市が開催するという大前提があるため、国内オリンピック委員会の役割を果たす体協は、一九三一年十月に市議会でおこなわれた招致決議に従わざるをえなかった。このとき体協の反応は「きわめて冷淡かつ消極的」[24]だったことが知られている。当時の日本スポーツ界の実力はようやくオリンピックに足跡を刻んだにすぎず、開催のために抱える困難が大きいと考えられていたからである。[25]嘉納、岸も現実的には難しいと考えていたものの、招致立候補が決まったからにはと、開催を勝ち取るためにＩＯＣ総会やオリンピック大会で奔走することになる[26]（図3）。

　この情勢を受けて迎えた一九三二年のロサンゼルス大会で、日本はアメリカに次ぐ数の選手団を派遣した。国庫補助金は十万円に引き上げられ、天皇から一万円の下賜金が贈られた。三段跳びの南部忠平、二百メートル平泳ぎの鶴田義行（二連覇）をはじめとする競泳五種目、馬術の西竹一らによる七個の金メダル、七個の銀メダル、四個の銅メダルを獲得した。選手帰国から二週間後の九月二十二日、天皇は西をはじめ馬術選手七人を帰朝武官待遇で宮中に招き寄せた。[27] その一週間後には岸を招き、詳細な報告をさせている。

岸はロサンゼルス大会に先立って、世界恐慌による経済的困難と、満州国をめぐる政治的困難に国民が直面している折にオリンピックに参加する意義を、以下の二点に集約して述べていた。すなわち、スポーツが「国民の肉体的及び精神的向上」の重大な要素であること、さらには、オリンピックが世界の文明国にとっての「文明的目的に向っての共同事業」であり、そこへの参加が「一個の国家的義務であり特権[28]」となることである。以上のことは、大会後に天皇に進講された内容からもうかがい知ることができる。[29] 坂上によると、岸は以下の二点を明確に意識していたと考えられる。第一に、天皇の下賜金が選手に栄誉を与え、国家的精神を高めたこと、そして選手派遣への反対論を封じ込めたことである。第二に、日本選手のプレーが観衆としてのアメリカ人との間に取り持つ外交政策上の役割についてである。[30]

ここに至って、嘉納が掲げた国民体育への留意によって「国家の盛衰」が成り立つとする図式は、国民的精神の涵養を目的とした奨励のレベルから、世界の文明国にとっての国家的義務へと昇華したのである。オリンピックにおける国家間の序列争いでは、国力の大きさを表す選手団の数と競技成績こそが問われ、それらが優先事項になった。このことはオリンピックに参加する世界諸国家と地域の関係性を通じて、自らを国家として定位していく過程が成立したことを示している。それが極限にまで高められたのが、ヒトラー指揮の下、ドイツ民族の優秀性を示すプロパガンダとして実施された一九三六年ベルリン大会だった。「前畑がんばれ！」の連呼で有名な二百メートル平泳ぎの前畑秀子の金メダル獲得に代表されるように、国内では日本人選手の活躍に沸き返り、百七十九人の大選手団が送り込まれて六個の金メダル、四個の銀メダル、十個の銅メダルを獲得した。

体協の混乱と政治的中立性の標榜

一九三三年十月、長年屋台骨として体協を支えてきた岸が逝去した。このあと体協は陸軍出身の大島又彦[31]が会長に就任する三六年十一月まで代わりの会長を据えることさえできなかった。大島の前に、海軍出身で日本ヨット協会会長を務めていた竹下勇に会長就任を打診して断られており、軍部に近づき体制を維持しようとしたことは明白である。会長不在に加えて、三三年九月に日本運動競技連合が結成されたことも体協に揺らぎを与えていた。この競技連合は、先に見た体育運動審議会「体育運動の合理的振興方策」による、各種運動種目別に全国体育運動団体を組織し、その団体を基礎として総合的体育運動団体を構成することにした要項を意識して結成された。この競技連合はのちに「体協の郷、郷の体協」とまで呼ばれるようになった実力者の郷隆[32]ら、体協の中枢に位置する人間が体協を外部から解消しようとした、いわゆるクーデター的出来事であり、体協は組織的統制を失っていたといえる。しかし競技連合への改造を目指すのであれば、国民体育を目的とした別の体協を作るまでと一喝して押しとどめたのが名誉会長の嘉納であった。結果として、体協内で規約改正がおこなわれ、そこに競技連合が合流するかたちで解決が図られたのが三五年二月のことである。この改編で、寄付行為によって選ばれていた理事が廃止され、すべての評議員（理事から改称）は競技団体から選出されることになった。

この頃、体協は満州国の極東大会参加をめぐっても難しい立場におかれていた。満州国はオリンピックへの参加を希望し、体協を通じてＩＯＣにロス大会からの参加申請をおこなっていたが、国際陸連の未加盟を理由に拒絶されていた。また、極東大会への参加をめぐっては中国と対立し、体協の批判勢力だった軍部と右翼団体などに極東大会からの離脱を迫られていた。高嶋航によると、オリンピックでの活躍を成し遂げつつあった日本にとって、極東大会は勝利が義務化され、日本の指導性を顕示する舞台へと意味合いを変化させていた[33]。

極東体育協会との交渉を担当した山本忠興が強調したのが、スポーツマンシップ、オリンピック精神、政治とスポーツの峻別だったという[34]。この時期、スポーツ界が標榜したスポーツの中立性という言説は満州国問題を中心にいくつか確認することができる。マニラで開催された第十回極東大会の選手派遣では反対運動が激化し、選手が襲撃されるという事態を招いた。ここで問われたのは、体協にとってスポーツと国家的立場のどちらが優先されるかという問題であり、体協はスポーツを中立的に守ることは国家の大計に矛盾しないとの立場をとった。体協が発表したパンフレットには、「スポーツ人の国家に尽す途には当面の時事問題に超然たる如き態度を必要とする部面のあることも諒解してくれなければならぬ。（略）スポーツを対外的に利用せんとすれば、その競技者同志更に大にしては国民相互の親和友誼を増進する能力をおいて他にない[35]」と記されている。中村哲夫はこの政治的中立性が、スポーツの純粋論を掲げるアマチュアリズムの標榜と、国家的庇護を前提とした政治的中立性という相矛盾する基盤のもとに成り立っていたことを指摘している[36]。ここで確認しておきたいのは、このような中立性の標榜が、旧体協幹部を放逐しながらなされている事実である。すなわち、ここにおいて体協はかつての有力者による組織基盤をそぎ落とし、国家に依存しながら、あくまでも中立を装う組織としてその性格を大きく変貌させていたのである。(37)

東京オリンピックの招致決定から返上まで

岸の死後、東京大会招致は嘉納の手に託された。一九三三年のIOCウィーン総会（杉村が三人目のIOC委員に任命された）、三四年のアテネ総会（岸に代わり副島がIOC委員に任命された）は嘉納が出席し、開催地が決定する予定だった三五年のオスロ総会には杉村だけが出席した。ところが、同じく立候補していたイタリアを杉村と副島がムッソリーニへの直談判によって辞退させたことがIOC内で問題になり、開催地決定は三六年に延期されたのである。このとき副島は会長のバイエ＝ラトゥールから叱責を受け、以降彼の忠実な代弁者として振る舞うようになったという。(38)

そして迎えた一九三六年七月のベルリン総会で、第十二回オリンピック大会の東京開催が正式に決まった。体協は組織委員会の結成に先立って準備委員会を独自に立ち上げたが、翌日には出直し的改組を余儀なくされた。ベルリン大会で醜態をさらした選手団のスキャンダルがきっかけではあったが、東京市による協力の拒絶と、文部大臣による補助金停止発言が原因だった。このことは体協が大会運営のイニシアチブを失ったことを示しており、財政的・政治的自立とはほど遠い状況にあったことを示している。体協は各競技団体会長を中心とする大理事制を敷いて体制を立て直し、東京市、体協、政府（各省次官）の協力体制からなる組織委員会を立ち上げた。なお、組織委員会会長には徳川家達が迎えられた[39]。

日本がオリンピック開催に向けてどのような視線を向けていたのかについては、二人のＩＯＣ委員、すなわち嘉納と副島（図4）の対比から浮かび上がる。副島は学習院時代の嘉納の教え子だが、東京大会準備にあたってはたびたび意見を衝突させた。そもそもスポーツと縁がなかった副島がＩＯＣ委員に任命されたいきさつは、これまで述べてきたように、この時代のスポーツ界が所持していたネットワークによるものだった。副島は日英水力電気の合弁会社設立に際し、岸の助力を仰いだことをきっかけにスポーツ界に引き込まれ、初代バスケットボール協会の会長を務めるなど、岸亡きあとに推薦されてＩＯＣ委員になっていた[40]。また、副島は宮中顧問官、内務大臣などを務めた副島種臣の三男で、子爵だったことから、政財界に人脈を有していた。

第5章で示すように、嘉納はオリンピックに対して東洋的な価値観を付け加えることを考えていて、日本的な大会を開催すべきと主張していた[41]。また、大会は挙国一致とすべきであることを再三にわたって述べている。一方の副島は、クーベルタンの理想にのっとり、オリンピックは国際平和のため、スポーツ奨励のために実施すればいいとし、オリンピック精神から日本開催の姿を探るべきと主張していた[42]。

嘉納の発言は、国連を脱退し孤立化する日本の国際的状況を反映してか、誤解されて伝わったと考えられる。例えばＩＯＣ会長バイエ＝ラトゥールは、政治的プロパガンダとして開催されたベルリン大会に懸念を抱いており、嘉納の発言を聞きつけ、それが事実であれば非常にまずい、悪質なものであると注意を喚起している[43]。ただし、当時の国内的状況は挙国一致とはほど遠い状況にあっ

図4　副島道正（左。右がIOC会長バイエ＝ラトゥール）
（出典：The Organizing Committee of the XIIth Olympiad Tokyo 1940, Report of the Organizing Committee on Its Work for the XIIth Olympic Games of 1940 in Tokyo until the Relinquishment, 1938）

た。東京市と体協は招致活動から対立、湾岸の埋め立て地を利用したい市の思惑と、専門家としての体協幹部の意見は真っ向から衝突し、これによってメイン競技場の建設地が大会開催前二年になるまで決まらないという混乱を招いた。また、各省の次官を集めた組織委員会で政府は指導力を発揮できず、日中戦争を前にして軍部の協力も得られないままであった。[44] 加えて、返上論まで出され始めたＩＯＣ総会で、メイン競技場の選定などにみられる招致プランと進行のズレを嘉納が丁寧に説明して回らざるをえなかったというのが実情だった。[45] 嘉納は一九三八年のＩＯＣカイロ総会で、委員たちの懸念を払拭して開催承認を勝ち取った帰路で帰らぬ人となった。

一方の副島は、ラトゥールと親交を厚くし、日本でオリンピックを理念的に語ることができる数少ない人材となっていた。ただし、自らの人脈を頼みにした独断専行型の行動と、スポーツ界にもともと足場をもっていなかったことが災いし、完全に孤立状態にあったといっていい。例えばメイン競技場の選定問題では、神宮外苑を拡張する腹案を独自に提示するなどしたが、実効性を伴っていなかったばかりか、体協からもまったく支持を得られなかったのである。

嘉納の死後、日中戦争の長期化を受けて、政府は一九三八年七月十五日にオリンピック返上を閣議決定、翌十六日に組織委員会が正式に返上を決定し、東京大会は幻となったのである。[46] ここでも、自国開催ができないのであれば、オリンピックのために一刻も早く開催返上をすべきだとする副島の独断による政府への陳情が、結果として返上を確実なものにした。体協関係者が反発したことはいうまでもないが、一方で、ＩＯＣ委員の辞任を申し出た副島に対し、ラトゥールが「オリンピック理念ならびに自国に対するすばらしい行動」と称賛を与えて慰留したこと[47]からもわかるように、副島はＩＯＣ内に一定の足場を築いていたともいえる。

おわりに

嘉納から岸、副島を誕生させたスポーツ界と体協の構造、そしてオリンピックとの関係性は、日本のスポーツ組織発展の歴史的一側面といえるだろう。一部の者の財政的支援から始まり、国家へと接近したスポーツ界は、一転して政治的中立性を標榜し、その根拠をオリンピックに求めた。結果としてオリンピックを返上せざるをえなかった日本のスポーツ界は以後、いわゆる「暗黒時代」を迎えるものとして分析されることになる。[48] 高津勝は国内に安定的な基盤をもたない体協は、やがて国際主義と政治的中立性の根拠を失い、その後の国家主義的な国策に便乗していったのだと論じているが、この指摘は正しいだろうか。[49] 高岡裕之は戦時下に体協がたどった軌跡を詳細に検討しながら、のちにみられる「体育国策」の要望などは、この時期に生じていた軍事的もしくは日本主義的観点からのスポーツ批判によるスポーツの正当性の揺らぎによって規定され、そこにはスポーツ界の生き残りをかけた対応・対抗が意図されていたと論じている。[50]

こうしてみてくると、嘉納や岸が築いてきた戦前の日本のスポーツ界とオリンピックの関係性は、スポーツという場（ピエール・ブルデュー）が立ち現れる実に豊穣なフィールドとして眼前に現れてくることになる。戦後におこなわれた一九六四年の東京大会を規定するスポーツ界と国家の関係性、そして、来たる二〇二〇年大会の分析は、このような場の連続性からも把握されなければならないだろう。

注

(1) このような視角から検討した先行研究には石坂友司「国家戦略としての二つの東京オリンピック――国家のまなざしとスポーツの組織」（清水諭編『オリンピック・スタディーズ――複数の経験・複数の政治』所収、せりか書房、二〇〇四年）、石坂友司「日本のスポーツ界形成における象徴的権力構造に関する研究」（筑波大学人間総合科学研究科二〇〇六年度博士論文、二〇〇七年）のほか、東京大会決定後の体協と他組織の関係について論じた田原淳子「「幻の東京オリンピック」と大日本体育協会――オリンピズムと国内政治の葛藤」（菊幸一編著、日本体育協会監修『現代スポーツは嘉納治五郎から何を学ぶのか――オリンピック・体育・柔道の新たなビジョン』所収、ミネルヴァ書房、二〇一四年）、戦時下の大日本体育会の成立まで視野に入れた高岡裕之「大日本体育会の成立――総力戦体制とスポーツ界」（坂上康博／高岡裕之編著『幻の東京オリンピックとその時代――戦時期のスポーツ・都市・身体』所収、青弓社、二〇〇九年）などがある。

（2）象徴的権力とは、「さまざまな意味を押しつけ、しかも自らの力の根底にある力関係をおおい隠すことで、それらの意味を正統であるとして押しつけるにいたる力」（ピエール・ブルデュー／ジャン＝クロード・パスロン『再生産――教育・社会・文化』宮島喬訳〔Bourdieu library〕、藤原書店、一九九一年、一六ページ）のことを指す。

（3）ピエール・ブルデュー『構造と実践――ブルデュー自身によるブルデュー』石崎晴己訳（Bourdieu library）、藤原書店、一九九一年、二四六ページ

（4）東京帝国大学編『東京帝国大学五十年史』下、東京帝国大学、一九三二年、六七一―六七二ページ

（5）高橋孝蔵『倫敦から来た近代スポーツの伝道師――お雇い外国人F・W・ストレンジの活躍』（小学館101新書）、小学館、二〇一二年

（6）阿部生雄『近代スポーツマンシップの誕生と成長』筑波大学出版会、二〇〇九年

（7）本章ではボート競技のネットワークに特に注目しているが、嘉納の柔道にも同様の効果がみられる。井上俊によると、嘉納のキャリアは高等教育機関に柔道が普及していくうえで有利にはたらき、卒業生を通じて各界で活躍するエリート層に柔道が普及することを促進した（井上俊『武道の誕生』〔歴史文化ライブラリー〕、吉川弘文館、二〇〇四年、三八―三九ページ）。東京大会の招致に尽力したIOC委員杉村陽太郎は柔道家としても知られ、帝国大学法学部では対抗競漕の選手としても活躍した。

（8）石坂友司「野球害毒論争（一九一一年）再考――「教育論争」としての可能性を手がかりとして」

「スポーツ社会学研究」第十一巻、日本スポーツ社会学会、二〇〇三年、一一五―一二七ページ
(9) 嘉納治五郎「日本体育協会の創立とストックホルムオリンピック大会予選会開催に関する趣意書」、大日本体育協会編『大日本体育協会史』補遺所収、大日本体育協会、一九四六年、二ページ
(10) 嘉納治五郎「国民の体育に就て」「愛知教育雑誌」第三百五十六号、愛知県教育会事務所、一九一七年、七―八ページ
(11) 田島は京都帝国大学の教授として教鞭を執るかたわら、弓術の達人として知られ、大日本武徳会弓術範士を務めるなど、武道との関係が深い。また、日本漕艇協会会長を務めるなど多くのスポーツ組織にも関与している。岸と同年生まれだが帝国大学法学部の後輩にあたり、対抗競漕の選手としても活躍した。このとき欧米出張中だった。
(12) 極東大会は一九一三年から隔年開催された東洋の競技大会で、フィリピン、中国、日本が参加した。日本は第三回大会を東京で開催したが消極的であり、三四年の第十回大会で後述する満州国参加問題が起き、終止符が打たれた。
(13) 岸同門会編『岸清一伝』岸同門会、一九三九年、三六一―三八八ページ
(14) 大日本体育協会編『大日本体育協会史』上、大日本体育協会、一九三六年、九四―一〇二ページ
(15) 体協がもつ経済的支援者に支えられた構造と帝国大学運動会出身者の参入は、必然的に当時の社会的知名の士を多く含むことになり、官尊民卑を示す官僚制的性格として私学関係者などの反感を買った。のちに見る十三校問題が有名で、会長の岸はそれら体協の性格を体現する存在として批判の対象にあげられた(森川貞夫『スポーツ社会学』青木書店、一九八〇年)。
(16) 前掲『大日本体育協会史』上、一〇四ページ。なお、アントワープ大会の派遣費は岩崎・三井家から維持金を前借りして充塡された。

(17) 北豊吉「オリムピック大会と官民の後援」「アスレチックス」第六巻第四号、大日本体育協会、一九二八年、四ページ
(18) 十三校は明治神宮競技会や学生選手権競技大会を棄権し、体協は組織改編を余儀なくされた。
(19) 高津勝『日本近代スポーツ史の底流』創文企画、一九九四年、五〇―五四ページ
(20) 坂上康博『権力装置としてのスポーツ――帝国日本の国家戦略』(講談社選書メチエ)、講談社、一九九八年、五〇―六四ページ
(21) 石坂友司「日本におけるオリンピックの受容――オリンピックが幻に変わるまで」『現代オリンピックの発展と危機1940―2020――二度目の東京が目指すもの』人文書院、二〇一八年、四四―四七ページ
(22) 前掲『スポーツ社会学』三五ページ
(23) 前者は中嶋健「昭和初期文部省の「国民体育」政策の展開過程について――主に体育・スポーツ団体の系統整備計画を中心に」(「体育史研究」第十号、体育史学会編集委員会学会事務局、一九九三年、四四ページ)、後者は前掲『権力装置としてのスポーツ』一一九ページ
(24) 橋本一夫『幻の東京オリンピック』(NHKブックス)、日本放送出版協会、一九九四年、一八ページ
(25) 東京大会の招致過程については前掲「国家戦略としての二つの東京オリンピック」、石坂友司「東京オリンピックのインパクト――スポーツ空間と都市空間の変容」(前掲『幻の東京オリンピックとその時代』所収)を参照。
(26) 管見のかぎり、東京開催を嘉納がどのように考えていたのかを示した直接的な史料は見つかっていない。伝聞として嘉納がはじめから賛成だった/反対だったという二つの史料が存在する(前掲「日

本におけるオリンピックの受容」)。
(27) 前掲『権力装置としてのスポーツ』一八七ページ。これに先立つ一年前、西らは皇居に呼ばれ、馬術競技を披露していた(坂上康博『昭和天皇とスポーツ――〈玉体〉の近代史』〔歴史文化ライブラリー〕、吉川弘文館、二〇一六年、二〇〇ページ)。
(28) 岸清一「オリムピック参加に就て同胞諸君に訴ふ」「アスレチックス」第十巻第三号、大日本体育協会、一九三二年、二―四ページ
(29) 前掲『岸清一伝』二〇四―二二〇ページ
(30) 前掲『昭和天皇とスポーツ』二〇二―二〇四ページ。ただし、三日後のリットン調査団報告が日本の侵略行為を認定したように、こうした外交上の貢献も国際政治の場では無力だった。
(31) 大島は東京大会の準備にあたったが、日中戦争の開始に伴い、軍部が馬術競技の準備停止を表明したその日に辞意を示して辞職した。後任には朝日新聞社副社長の下村宏が選ばれている。
(32) 郷隆も帝国大学ボート部のネットワークに連なる人物で、財界の巨頭、郷誠之助をおじにもつ。岸亡きあとの体協を実質的に支えた。
(33) 高嶋航「「満洲国」の誕生と極東スポーツ界の再編」「京都大学文学部研究紀要」第四十七号、京都大学大学院文学研究科・文学部、二〇〇八年、一三三―一三四ページ。高嶋は極東大会から戦時下に改組された東洋選手権競技大会へと続くその後の動向も追っている(高嶋航『帝国日本とスポーツ』塙書房、二〇一二年)。また、極東大会のボイコット運動に関しては冨田幸祐「日本における第十回極東選手権競技大会ボイコット運動の展開」(「体育学研究」第六十一巻第一号、日本体育学会、二〇一六年、四三―五八ページ)が詳しい。
(34) 前掲「「満洲国」の誕生と極東スポーツ界の再編」一五三ページ

(35) 前掲『大日本体育協会史』上、五六〇―五六七ページ
(36) 中村哲夫「〝スポーツ純粋論〟の崩壊」「スポーツ批評」第一号、窓社、一九八七年、四五ページ
(37) ここに、スポーツ界における象徴的権力の転換を見いだすことができる（前掲『日本のスポーツ界形成における象徴的権力構造に関する研究』）。
(38) 中村哲夫「ＩＯＣ会長バイエ＝ラトゥールから見た東京オリンピック」、前掲『幻の東京オリンピックとその時代』所収、三〇ページ。ラトゥールからみた東京大会の招致経緯と二人のＩＯＣ委員（嘉納・副島）の確執についてはこの論文が詳しい。
(39) 前掲「東京オリンピックのインパクト」九八―一〇二ページ。徳川家達は杉村がＩＯＣベルリン総会で辞任後、後継のＩＯＣ委員となっている。
(40) 前掲「日本におけるオリンピックの受容」四九―五〇ページ
(41) 「東京朝日新聞」一九三六年十一月十四日付
(42) 「東京朝日新聞」一九三六年十二月三日付
(43) 前掲「ＩＯＣ会長バイエ＝ラトゥールから見た東京オリンピック」三九ページ
(44) 前掲「東京オリンピックのインパクト」九八―一一〇ページ
(45) 組織委員会と競技場選定の混乱については同書九六―一二四ページを参照。
(46) 実際には幻ではなく、都市やスポーツ界にさまざまな痕跡を残すことになる（前掲『幻の東京オリンピックとその時代』を参照）。
(47) 前掲「ＩＯＣ会長バイエ＝ラトゥールから見た東京オリンピック」五七―五八ページ
(48) その通説に挑んだのが、前掲『幻の東京オリンピックとその時代』の各論考である。
(49) 前掲『日本近代スポーツ史の底流』三二二ページ

（50）前掲「大日本体育会の成立」二三二ページ

［付記］本章は、第三回奈良女子大学オリンピック・公開シンポジウム（二〇一六年）での報告（「嘉納と大日本体育協会からみたスポーツ界の足跡――オリンピック初参加から幻に至るまで」）と博士論文（前掲「日本のスポーツ界形成における象徴的権力構造に関する研究」）の一部をもとに再構成した。また、文脈上わかりづらいところを除いて、オリンピック競技大会は大会と表記し、引用にあたって旧仮名遣いを現代仮名遣いに改めている。

第４章　嘉納治五郎の国民体育構想とオリンピズム

井上　俊

はじめに

嘉納治五郎が「国民体育」を提唱したことは比較的よく知られているが、その背景や彼が提案した国民体育の具体的内容などについては必ずしも広く知られているとはいえない。本章では、嘉納が提案した「精力善用国民体育」とはどのようなものだったかを示すとともに、その提案内容と講道館柔道との関係、国民体育の構想とオリンピズムとの関連、そして国民体育をめぐるイデオロギー状況などについても検討してみたい。

1 国民体育の構想

嘉納治五郎は、講道館柔道が旧来の武芸・武術と違って「文明開化」の世にふさわしいものであることを説く根拠の一つとして、柔道の「体育」上の効果ということを早くから強調していた。例えば一八八九年の講演のなかで、「柔道とは耳新しい言葉」だろうが、「従前の柔術について出来るだけの穿鑿《せんさく》を遂げました後、その中の取るべきものは取り捨てるべきものは捨て、学理に照らして考究致しまして今日の社会に最も適当するように組立て」たものが柔道であるとしたうえで、それは「体育勝負修心の三つの目的を有《も》っておりまして、これを修行致しますれば体育も出来、勝負の方法の練習も出来、一種の智育徳育も出来る都合になっております(1)」と述べている。

しかし、「体育」一般ではなく「国民体育」の提唱ということになると、これはだいぶあとのことになる。嘉納が初めてまとまったかたちで国民体育の必要性を説いたのは、「国民体育振興の必要を論じて中等学校の体育法に及ぶ(2)」という一九一二年の文章においてである。このとき嘉納は数え年で五十三歳、ちょうどオリンピック運動に関係し始めた時期であり、その活動と国民体育への関心とは関係が深い。

この点について彼は、晩年の回想のなかで次のように述べている。

私は前にも欧州に居《お》ったことはありますが、当時は教育とか倫理というようなことに心を向け、体育のことにはあまり注意をしなかったのであります。しかしオリンピック大会に加わった以上は、そういうことではならぬと考え、ストックホルムの大会後、世界の各国を廻《まわ》って、体育の観察をなし帰朝の後体育協会を改造し（略）会の充実を図りました。(3)

あるいはまた、次のようなインタビュー記録もある。

そのころ、わが国の体育としては柔道と剣道が盛んであった。（略）また体操も大分普及されていた。

だから、それまでは、体育のことなら柔道さえやっておればそれでよいと考えていたのだが、翻ってさらに深く思いをよせると、柔道だけではいけないことが分ってきた。柔道も剣道も体力を鍛え、武士道精神を修練させる秀《すぐ》れたものには違いないが、一般大衆の体育を振興させるにはこれだけでは満足出来ない。(4)

ここでいう「そのころ」とは、自分が「オリンピック・ムーブメントに加わった」ころという前文を指していて、したがって、それまでは柔道さえやっていればそれでよいと考えていたというときの「それまでは」とは、文脈上明らかに、国際オリンピック委員会（ＩＯＣ）の委員になってオリンピック運動に関与するようになるまでは、という意味である。

前章でも述べているように、嘉納は一九〇九年にIOCの委員となり、オリンピックへの選手派遣の母体として一一年に大日本体育協会を設立、翌一二年の第五回オリンピック大会(ストックホルム)に二人の選手(マラソンの金栗四三と短距離走の三島弥彦)を派遣し、自らも役員として参加するのだが、大日本体育協会がオリンピック派遣選手予選会(一九一一年十一月)を開催するにあたって嘉納会長名で配布した趣意書によると、「内はもって我が国民体育の発達を図り、外はもって国際オリンピック大会に参加するの計画を立てんこと」[5]が協会設立の趣旨であるとされている。いわば国民体育とオリンピックがセットとして捉えられているわけである。

当時のオリンピックは、それほど大きなイベントではなかった。IOCの記録によれば、第一回アテネ大会(一八九六年)の参加国は十四、参加選手は二百四十一人にすぎない。二百を超える国と地域から一万人以上の選手が参加する現今のオリンピック(夏季大会)とは比較にならない。当時の世界的イベントといえば、一八五一年のロンドン万博を嚆矢とする万国博覧会が代表的なものであり、半世紀近くも後発のオリンピックはその人気でも規模でも、とうてい万博に太刀打ちできるようなイベントではなかった。実際、オリンピックの第二回大会(一九〇〇年、パリ)も第三回大会(一九〇四年、セントルイス)も万国博覧会に相乗りさせてもらい、万博の運動会のようなかたちで開催されている。

近代オリンピックの基礎が固まり、本格的な発展が始まるのは第四回ロンドン大会(一九〇八年)からといわれる。このときも英仏博覧会と共催だったが、二十二カ国から二千人を超える選手が参加し、盛会だった。また、それまでの個人参加に代わって国別のエントリー方式が定着した。

以後、オリンピックとナショナリズムとのつながりが強まり、それがオリンピック発展の一つの要因ともなるのだが、同時にスポーツを通しての国際理解や国際親善の促進というインターナショナルな理想も強化され、オリンピックの有力な理念となっていく。嘉納治五郎がＩＯＣ委員となり、オリンピック関係の活動に関わるようになるのは、まさにこのような時期であった。

では、嘉納治五郎が提唱した国民体育とはどのようなものだったのか。提唱の初期段階では、国民体育のイメージはわりに漠然としたものであった。歩く、走る、跳ぶ、泳ぐ、そういった日常的な活動を「体育」として広く実施すること。老若男女、貧富の区別なく、特別な用具や施設も要さず、いつでも、どこでも、誰でもやれるような体育的活動――そういうイメージだった。例えば前記の「国民体育振興の必要を論じて中等学校の体育法に及ぶ」では、嘉納は次のように述べている。

これを要するに、歩行（駆足跳躍をも含む）および游泳は何人にも容易に行い得ること。身体を適当に鍛錬し得ること。費用を要すること尠《すく》なきこと。およびさらに大切なる精神の鍛錬に大なる効あること等の長所あり。これ予が歩行および游泳をもって最も適当なる国民体育法として広くこれを天下に奨励せんとするゆえんなり。(6)

しかし、やや漠然とした構想の段階を経て、国民体育の具体案を提示する段階になると、嘉納はやはり柔道を中心とした案に向かうことになる。

2 国民体育の具体案

国民体育の具体案が示されるのは一九二〇年代の後半になってからだが、その前に、二二年、「多年講道館柔道の研究に依って体得した精力最善活用の原理を応用せん」という趣旨から、嘉納は講道館文化会を設立する。それまで彼は「柔よく剛を制す」という「柔の理」が講道館柔道の原理だとしていたが、一五年ころから、「心身の力を最も有効に使用する」ということが、より一般的な原理であり、「柔の理」もその一形態であると考えるようになる。この新しい原理について嘉納は、「心身の力」を「精力」と言い換えて「精力最有効使用」の原理とも呼んだが、さらにそれを「精力最善活用」（もっと短縮して「精力善用」）の原理と称するようになる。「最有効使用」を「最善活用」（「善用」）に変更したのは、力を合理的に無駄なく使うだけでなく、よい目的のために使うという意味をも含ませるためである。そして、この「善い目的」を多少とも具体的に示すために、「自己完成」「自他完成」「相助相譲」「自他共栄」（当初は「人類共栄」）といったフレーズ（あるいはスローガン）がしばしば用いられた。こうして、「精力最善活用の道」である柔道はもはや単なる武道ではなく、人間の生活全般に応用できる「人間の道」であるという考え方が確立され、講道館文化会が設立される。[7] このような背景のもとで、国民体育についても、「柔道の形を体育の目的をもってつくり直すことが一番よいという結論[8]」に嘉納は到達する。

講道館柔道の形《かた》の中心をなすのはむろん攻撃と防御の形だが、それに尽きるものではなく、攻防とは直接関係がない美的・表現的な形、つまり「天然の力を形に表す」[9]ものもある（例えば講道館柔道の「五《いつつ》の形」といわれるものの後半の三形）。そういう面も考慮するなら、「攻防式国民体育」のほかに「表現式国民体育」というものを考えることができる。それは「思想、感情、天地間の物の運動などを四肢体軀《たいく》等で表現する形式」[10]を基盤とするもので、具体的には能狂言、舞踊などをも参考にすることができる。

　こうして嘉納は、「攻防式」（あるいは「武術式」）と「表現式」（あるいは「舞踊式」）という二種類の国民体育を構想することになるが、実際には後者の具体案が示されることはなかった。彼が考案し、普及を図った国民体育の具体案は「攻防式国民体育」だった。これは一九二八年に発表される。[11]その後、これをいくらか修正して「精力善用国民体育」と改称したものが三〇年に発表され、これがいわば嘉納式国民体育の決定版となる。[12]

　精力善用国民体育は次のような構成になっている。

まず大きく「単独動作」と「相対動作」に分かれ、さらにそれぞれが「第一類」と「第二類」に分かれており、全部で四種類の運動から成っている。単独動作は一人でおこなう動作、相対動作は二人で組になっておこなう動作である。

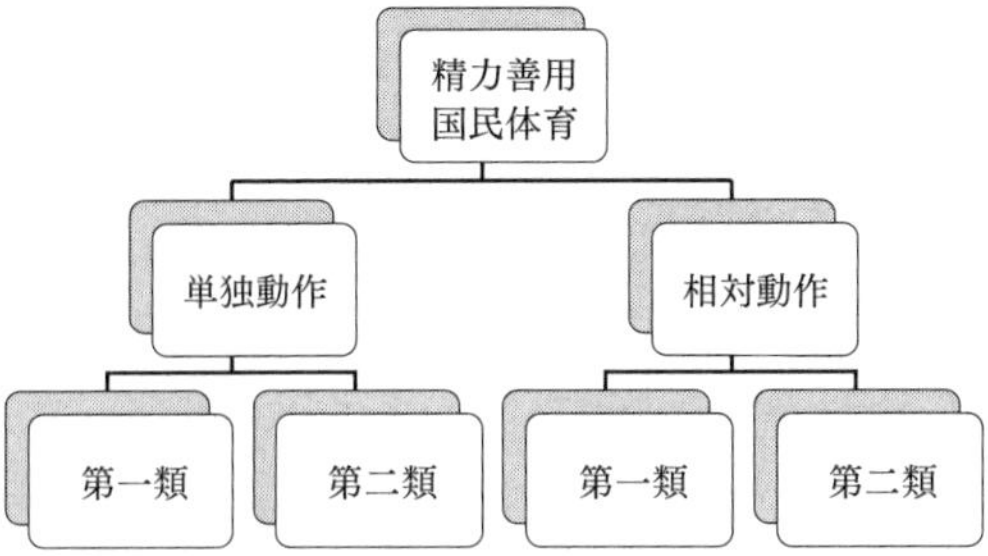

図1　精力善用国民体育の構成

単独動作は講道館柔道の「当身技《あてみわざ》」の形に基づいている。「当身技」は、「投技《なげわざ》」および「固技《かためわざ》」と並んで講道館柔道の技の三大カテゴリーの一つだが、乱取りや試合では危険技として禁止されている。形としてだけ残されてきたこれらの技を体育として復活させようと嘉納は考えた。旧来の柔術を「今日の社会に最も適当するように組立て」るに際して、安全への配慮から当て身を形だけに限定したのは嘉納自身だが、その一方で彼は、本来の姿からいえば「当て身を欠いた武術は、不具の武術である」(13)とも考えていた。そこで、当て身技を体育の目的に沿って復活させ、誰もが簡単にその基本を学べるようにしようと試みたのである。

精力善用国民体育の単独動作の一部を次ページ図2に示す。

単独動作第一類の最初は「五方当て」といわれるものである。まず右手で左斜め前方に当てる。そのまま腕を右に振って横当て、それからいったん戻して後ろに引いて後ろ当て。つまり、ひじで後方に当てる。そこから前当て、いったん引いて上当てとなり、全体として、斜め前方、横、後方、前方、上方という「五方」への当て身となる。

次は、左手で同じ動作をおこなう。そこまでは自然本体で足は動かさないのだが、次の段階で足の動きが加わる。左前方に当てるときには、右足を左前方に踏み出す。その右足を、横当てでは右横に開き、後ろ当てのときには後方に引き、前当てでは前方に踏み出す。「五方当て」のあとは「五方蹴り」で「第一類」は終わる。「第二類」になると、両手を同時に使う「突き」など、動きがやや複雑になる。

次に二人で組んでおこなう相対動作の一部を図3と図4に示すが、講道館柔道の形との関係でい

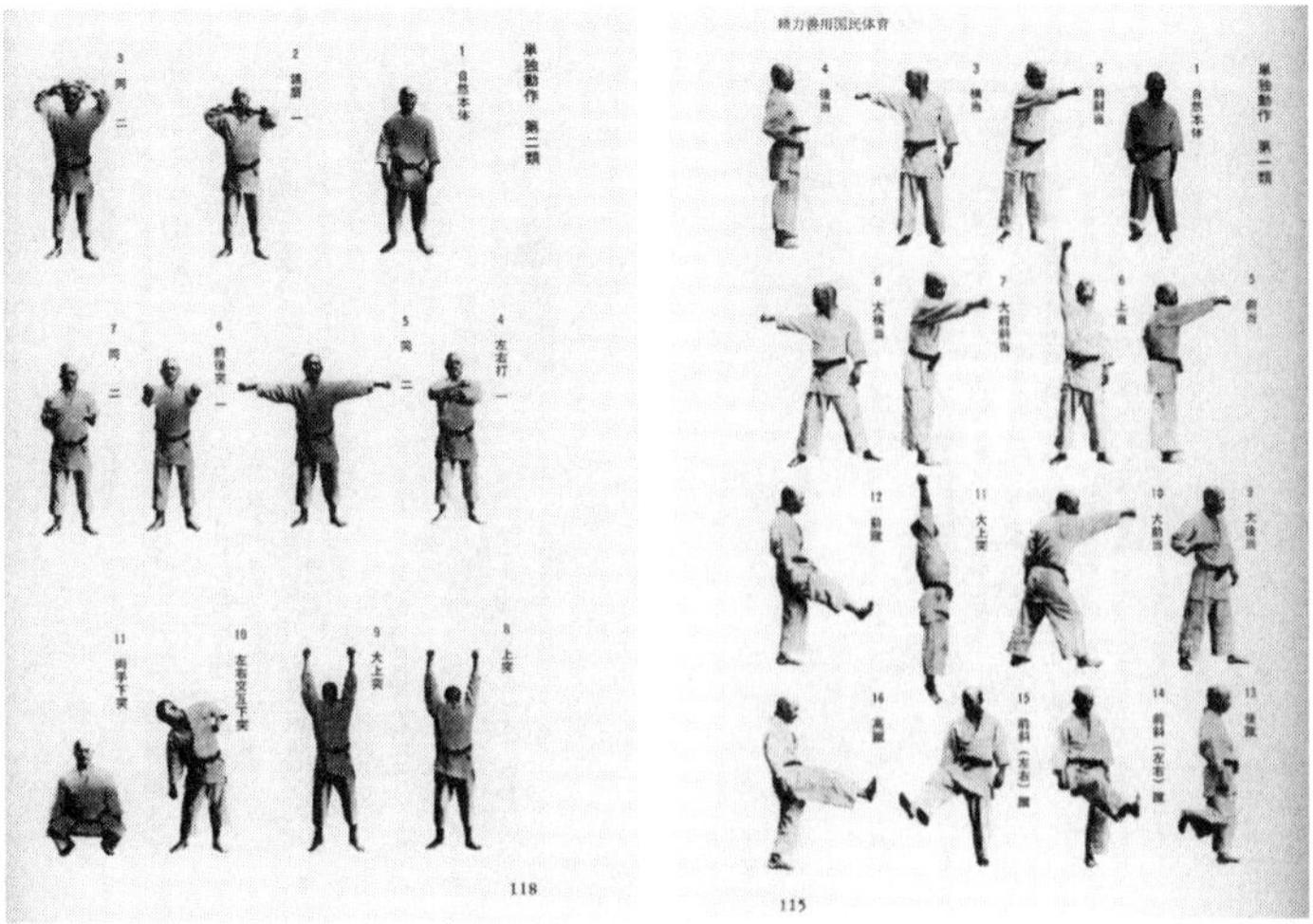

図２　単独動作第一類・第二類
（出典：『嘉納治五郎大系』第8巻、115、118ページ）

うと、相対動作第一類は嘉納が一八八八年に制定した「極《きめ》の形」に基づいており、第二類は同じく八七年に制定した「柔《じゅう》の形」に基づいている。極の形は「真剣勝負の形」ともいわれる実戦的な形であり、柔の形は「柔よく剛を制す」の理念をゆるやかな動きで示した形である。

晩年の嘉納治五郎は、一九三八年に死去するまで、オリンピックの東京招致に尽力するとともに、この国民体育の普及にも力を注いだ。文部省、東京日日新聞社、大阪毎日新聞社などの後援を取り付けて、学校や地域で国民体育の講習会などもたびたび開催している。しかしその熱意と約十年間にわたる努力にもかかわらず、結局のところ、嘉納の国民体育はそれほど広まらなかった。少なくとも嘉納が望んだほど広く普及したとはいえない。

嘉納が「攻防式国民体育」やその改訂版

図３　相対動作・第一類
（出典：『嘉納治五郎大系』第8巻、130―131ページ）

「精力善用国民体育」を提唱し、その普及に力を入れた時期は、ほぼラジオ体操が始まり、普及していく時期と重なっている。開始時のラジオ体操の正式名称は「国民保健体操」である。昭和天皇の即位を祝う大礼を記念して逓信省簡易保険局が、アメリカの保険会社の先例を参考に企画し、日本放送協会や文部省も協力して創案され、嘉納による攻防式国民体育の発表（一九二八年七月）と同じ年の十一月に放送が開始された。伴奏のピアノのリズムと指導員の号令に合わせた軽快な動き、そしてラジオという新しいメディアの力によって急速に普及し、「ラジオ体操の会」なども作られ、地域、学校、工場、会社などを単位として全国的に広まっていく。[14]こうしたラジオ体操の勢いに、嘉納の国民体育が対抗することはむずかしかっただろう。

一九三〇年代に入ると、体操と国家政策と

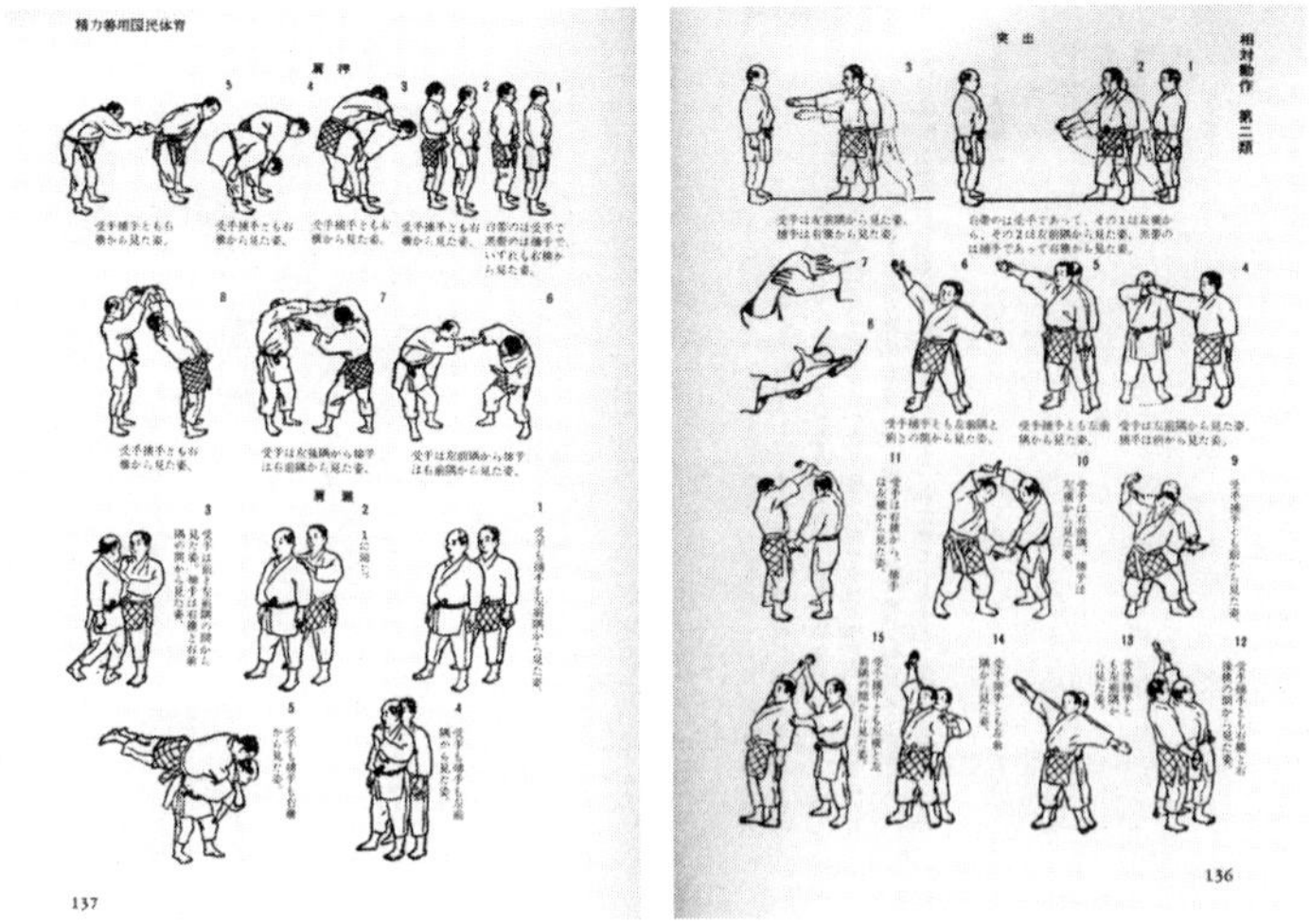

図4　相対動作・第二類
（出典：『嘉納治五郎大系』第8巻、136―137ページ）

のつながりが強まり、全日本体操連盟が設立され（一九三〇年）、日本体操大会（朝日新聞社主催、一九三五年開始）のような大規模な体操イベントなども企画されるようになる。とはいえ、「国民の体位向上」と「国民精神総動員」という政策に沿って、建国体操（一九三六年）、日本産業体操（一九三七年）、国鉄体操（一九三八年）、興亜体操（一九三九年）、大日本国民体操（ラジオ体操第三、一九三九年）などの集団体操が次々と創案されて、佐々木浩雄がいう「体操の時代」[15]が到来するのは、嘉納治五郎の死後のことである。

3　右派ナショナリズムへの対応

国民体育について論じるとき、嘉納はしばしば、体力の増強だけでなく「精神の修養」

についても言及する。例えば一九三一年に発表された「国民体育と国民精神(16)」では、「今日はいずれの国においても体育といえば、ただ身体をよくするのみならず、精神の修行をも兼ねたものと考えられている」としたうえで、わが国でいま最も必要とされる精神修養は「第一、国民の結束の基礎である皇室尊崇国体擁護ということである。第二、個人の力や国家の力を充実するということである。第三、無用の争いに力を消耗することを避けて、人々相互に融和協調するということである」と説き、また「どこまでも皇室を国民結合の中心として仰いでいくことが精力善用の根本義である」とも述べている。

一九二二年の講道館文化会設立の「宣言」のなかにも「国家については国体を尊び歴史を重んじ」といった文言はあったが、一九三〇年代に入ると、その方向が強調されるようになり、「皇室尊崇」「国体擁護」といった当時の支配的スローガンへの接近がみられる。しかし、にもかかわらず、嘉納治五郎と講道館に対しては保守派・国粋派ナショナリズムからの不満や批判があった。例えば、この非常時に嘉納と講道館はいったい何をしているのか、武の道をもって国家の恩に報いるという「武道報国」の精神が不十分ではないか、あるいは理屈抜きの「忠君愛国の熱誠」に欠けるところがあるのではないか——満州事変から日中戦争(そしてさらには太平洋戦争)へと進んでいく時代の情勢、それを反映する言説の状況のなかで、そのような批判が聞かれた。

右派ナショナリズムからのそうした不満や批判は講道館の内部にも及び、一部の高段者たちが講道館を解体して新たな武道団体を結成するとか、嘉納館長に隠退を求めるといった動きも出てくる。「時事新報」はこれを「講道館の内争爆発、分裂の危機いたる」というセンセーショナルな見出しの記事で報じた（一九三三年四月六日付）。実際には「分裂」や「新団体設立」に至ることはなかったが、不満や批判の声が、たとえ一部ではあれ、講道館の内部にさえあったことは事実である。[17]

嘉納の晩年の著作には、こうした右派・国粋派ナショナリズムからの不満や批判を意識し、やんわりと反論あるいは弁明するような記述がしばしばみられる。例えば「武道報国」ということに関しては、講道館文化会設立以来の持論にしたがって、柔道は単なる武道ではなく「文武の道」であり、さらに広くは「人間の道」「人間全般の指導原理」であるとし、したがって「武道は大事なもので尊重すべきものだが、それに偏してはいけない[18]」としている。右派の「忠君愛国の熱誠」に対しても、「我らの説く道は、中正道である。右にも偏せず、左にも傾かず、（略）世論区々として定まらず、人々感情によって事を決せんとするを遺憾とし、我らは冷静の態度を持して事を処断せんとするのである[19]」と述べている。もともと嘉納は、「従来、皇室に対する道を説くものは、往々理論を避けて、単に歴史上かくかくとか、断定的にかくあらねばならぬと説いたものである」が、それでは不十分であって、「皇室擁護推戴の必要」を理論的に説くことが重要であり、その理論的根拠を「感情と習慣」が補完するというのがあるべき姿だと主張していた。[20]

一九三八年三月に発表された最晩年の文章では、まず「道場のみの教育では、精神教育の徹底を期することが出来ぬので、大正十一年に講道館文化会を起し、精力最善活用相助相譲自他共栄の原理を宣明することに努めた」と記したうえで次のように述べている。

柔道はもちろん一面日本精神の発揚に努めているのであるが、それをただ国体とか皇室という言葉のみにて説く時は、皇運を扶翼するに必要なる国家発展の大原則を閑却することになり、内容の充実を欠く嫌いがあるので、私はだれでもいうことはくどくどしくいわず必要であるにかかわらず、多くの人が閑却している方面のことを強く説いたため、ある者は誤解して国体や皇室について一層強く説いてもらいたいというような希望を耳にしたことがある。しかし自分としては昔の武術と違い、今日の柔道は文武の道であるから、両方面を説かなければならぬと思うのである。(21)

ここで「両方面」というのは、武だけでなく文も、ひいては国体や皇室を重んじる「日本精神」だけでなく「相助相譲自他共栄」の精神、つまりインターナショナルな協調という面も忘れてはならないということである。

もちろん、当時の社会情勢や言説界の潮流から、嘉納治五郎も支配的な右寄りの言説に近づいていることは否定できないが、ただ流されているわけではなくて、やはりどこかで踏みとどまっているところがある。そのとき重要な役割を果たしたのは、クーベルタンが提唱したオリンピズムの理想や、オリンピック活動への嘉納の実際の関与、またその経験を通して得られた国際感覚といった要因であっただろう。

嘉納とクーベルタンとの関係については、両者の個人的接触だけでなく、もともとこの二人の間には思想的な親近性があったという和田浩一の指摘(22)がある。その点を考慮すれば、クーベルタン流のオリンピズムから嘉納が一方的に影響を受けたとはいえないだろうが、初期オリンピズムの理想主義や、オリンピック運動への関与に伴う国際的経験・国際的視野といった要因が、右派ナショナリズム台頭の時代に、嘉納治五郎をある程度踏みとどまらせる力になったことは確かであろう。

注

(1) 嘉納治五郎「柔道一班ならびにその教育上の価値」「大日本教育会講演録」大日本教育会、一八八九年（講道館監修『嘉納治五郎大系』第二巻、本の友社、一九八九年、八八、一〇二ページ）
(2) 嘉納治五郎「国民体育振興の必要を論じて中等学校の体育法に及ぶ」「中等教育」第十三号、中等教育研究会、一九一二年（前掲『嘉納治五郎大系』第五巻、一四七―一五四ページ）
(3) 嘉納治五郎「オリンピック大会東京招致に至るまでの事情についておよび道徳の原則について」「中等教育」第八十四号、中等教育研究会、一九三七年（前掲『嘉納治五郎大系』第八巻、三五七ページ）
(4) 嘉納治五郎「わがオリンピック秘録」「改造」第二十巻第七号、改造社、一九三八年（前掲『嘉納治五郎大系』第八巻、三六八ページ）
(5)「国際オリンピック大会選手予選会開催趣意書」一九一一年（前掲『嘉納治五郎大系』第八巻、二九三ページ）
(6) 前掲「国民体育振興の必要を論じて中等学校の体育法に及ぶ」一九一二年（前掲『嘉納治五郎大系』第五巻、一五一ページ）
(7)「柔の理」から「精力最有効使用」へ、さらに「精力最善活用」へという嘉納の考え方の変化、それに伴う柔道の再定義、そして講道館文化会の設立にいたる経緯については、井上俊『武道の誕生』(〈歴史文化ライブラリー〉、吉川弘文館、二〇〇四年)一〇七―一一二ページを参照。
(8)嘉納治五郎「将来の国民体育について」「作興」第六巻第四号、講道館、一九二七年(前掲『嘉納治五郎大系』第八巻、五〇―五一ページ)
(9)同書五三ページ
(10)嘉納治五郎「攻防式国民体育の生れた由来とその将来について」「作興」第八巻第三号、講道館、一九二九年(前掲『嘉納治五郎大系』第八巻、七七ページ)
(11)嘉納治五郎『攻防式国民体育』講道館文化会、一九二八年(前掲『嘉納治五郎大系』第八巻、一七三―一八五ページ)
(12)嘉納治五郎『精力善用国民体育』講道館文化会、一九三〇年(前掲『嘉納治五郎大系』第八巻、八八―一七三ページ)。「攻防式国民体育」における「四方当て」が「五方当て」に、「四方蹴り」が「五方蹴り」に修正されるなど、多少の手直しはあるが、全体としてそれほど大幅な変更はない。両者の異同については、前掲『嘉納治五郎大系』第八巻、一七三―一八五ページを参照。
(13)嘉納治五郎「精力善用国民体育と従来の形と乱取」「柔道」第二巻第六号、講道館文化会、一九三一年(前掲『嘉納治五郎大系』第八巻、二一六ページ)
(14)日本でラジオ放送が開始されるのは一九二五年であり、ラジオ体操が始まる二八年には全国中継網が形成され、ラジオはほぼ日本全国をカバーするメディアとなっていた。なお、ラジオ体操の歴史については、黒田勇『ラジオ体操の誕生』(〈青弓社ライブラリー〉、青弓社、一九九九年)、高橋秀実『素晴らしきラジオ体操』(小学館、一九九八年)などを参照。
(15)佐々木浩雄『体操の日本近代――戦時期の集団体操と〈身体の国民化〉』(越境する近代)、青弓社、二〇一六年、特に第二部（第四章―第六章）を参照。なお、「体操の時代」という表現はもともと三橋喜久雄が用いたものという（同書二〇三―二〇四ページ）。

(16) 嘉納治五郎「国民体育と国民精神」「作興」第十巻第三号、講道館、一九三一年（前掲『嘉納治五郎大系』第八巻、五五―五七ページ）

(17)「〈武道のスポーツ化〉批判」という視角から、この点にふれている文献として、中嶋哲也『近代日本の武道論――〈武道のスポーツ化〉問題』（国書刊行会、二〇一七年）第九章を参照。

(18) 嘉納治五郎「柔道神髄」「改造」第十七巻第六号、改造社、一九三五年（前掲『嘉納治五郎大系』第一巻、六七ページ）

(19) 嘉納治五郎「今日は我が同志が蹶起すべき時である」「柔道」第六巻第五号、講道館文化会、一九三五年（前掲『嘉納治五郎大系』第一巻、三一六ページ）

(20) 嘉納治五郎「精力最善活用と修養」第二回、「作興」第四巻第九号、講道館、一九二五年（前掲『嘉納治五郎大系』第九巻、一二六―一二八ページ）

(21) 嘉納治五郎「報国厚生団の結成につき講道館員に告ぐ」「柔道」第九巻第三号、講道館文化会、一九三八年（前掲『嘉納治五郎大系』第一巻、三一八―三一九ページ）

(22) 和田浩一「嘉納治五郎から見たピエール・ド・クーベルタンのオリンピズム」、金香男編『アジアの相互理解のために』所収、創土社、二〇一四年、一六七―一八九ページ

［付記］本章は、第三回奈良女子大学オリンピック・公開シンポジウム「嘉納治五郎が構想したオリンピック――日本におけるオリンピズムの受容と展開」（二〇一六年二月二十日）での報告「嘉納治五郎におけるオリンピックと国民体育」に基づき、適宜、修正・加筆したものである。加筆にあたって、

拙稿「スポーツの社会学――輸入スポーツと伝統スポーツをめぐって」(斎藤修／猪木武徳編「学際」第二号、統計研究会、二〇一六年)の一部を利用した。

第５章　柔道思想とオリンピズムの交錯
——嘉納治五郎の「自他共栄」思想

坂上康博

はじめに

嘉納治五郎は、アジア初のＩＯＣ委員として、一九〇九年から死去する三八年まで、二十九年もの長きにわたってオリンピック・ムーブメントの一翼を担った。四〇年のオリンピックが東京で開催されることが決定したのは三六年七月、ベルリン・オリンピックの開催前日のことであったが、このとき東京招致を実現に導いた立役者こそ嘉納にほかならない。日本は、その後わずか二年で開催権を返上し、オリンピック東京大会は幻に終わってしまうが、嘉納はそうならないよう最後まで奮闘し、カイロで開催されたＩＯＣの会議に参加後、帰国途中の船中で帰らぬ人となった。享年七十七。オリンピック東京大会の開催に命懸けで奮闘したというのが嘉納の最期なのである。[1]

他方で、嘉納は講道館柔道の創始者であり、「柔道」の名の下に従来の柔術を近代的に再編し、それを国内にとどまらず世界中に広めた。その取り組みは早く、講道館柔道の創始は一八八二年、嘉納が二十三歳のときにさかのぼる。その嘉納がなぜオリンピックに積極的に関わったのか。柔道とオリンピックは、嘉納のなかでどのような関係にあったのか。

その手がかりの一つとしてこれまで注目されてきたのが、嘉納とピエール・ド・クーベルタンとの共通性、特に「自他共栄」という柔道思想とクーベルタンの「相互敬愛（respect mutuel）」思想との親近性である。[2] この点を柔道思想の側から最も深く追究したのが永木耕介『嘉納柔道思想の継承と変容』だが、このなかで永木は、自他共栄思想を日常的なレベルのものと国際的なレベルのものに二分し、後者の高邁な平和思想である国際的融和協調としての自他共栄思想は、特に一九二二年の講道館文化会設立以降に新たに強調されるようになったものであることを嘉納の著作の分析によって明らかにした。永木はそれを、それまでの嘉納の自他共栄思想に国際感覚に基づく平和主義的発想が加味されたものと捉え、そのような変化をもたらした理由として、悪化する国際情勢への憂慮とともに、IOC委員としての経験を指摘し、クーベルタンとの交流やスポーツの国際交流がもたらす国際融和の価値を感得したことなどによってもたらされたものではないかと推測している。[3]

永木の研究にも示されているように、嘉納とクーベルタンの思想的な類似性や共通性についてはかなりの程度明らかになってきている。だが、その際にポイントの一つとされている嘉納の柔道思想とオリンピズムの関係についての検討は、いまだ状況証拠による推測の域を出ていない。なぜか。

最大の障害は史料不足である。講道館監修『嘉納治五郎大系』[4]の刊行は、嘉納研究にとって画期的であり大きな利便性をもたらしたが、この膨大な史料集のなかにも、嘉納自身が自他共栄とオリンピズムの関係について直接的に言及した史料はない。また、嘉納のオリンピズム理解を示す史料もごく少数しかない。[5]これは一体どういうことだろうか。嘉納にはオリンピック論と呼べるような著書がないばかりか、オリンピズムに関する発言も少ない。このこと自体が謎であり、その解明が求められている。また同時に、クーベルタンとの思想的な類似性だけではなく、両者の異質性にも目を向ける必要があるだろう。

本章では、まず、『嘉納治五郎大系』に収録されている断片的な発言を拾い集めて、嘉納のオリンピズム理解を概観し、その特徴をおさえる。次に、嘉納による自他共栄思想の提起が、いつどのようにしてなされたのか、その背景と意味について『嘉納治五郎大系』に未収録の史料も用いて掘り下げる。そして最後に、以上のことをふまえて、嘉納にとってオリンピズムと自他共栄思想の関係がどのようなものだったのかを、それらを包含する嘉納の思想の全体的な特徴をふまえながら考えてみることにしたい。

1　嘉納のオリンピズム理解

ＩＯＣ委員に就任した嘉納は、一九一一年七月、国内オリンピック委員会（ＮＯＣ）の機能をもつ組織として大日本体育協会を設立し、自らがその会長となり、同年十一月には初のオリンピック予選会を東京の羽田競技場で開催する。翌年の第五回オリンピック・ストックホルム大会に日本代表選手を派遣するためである。予選会の開催にあたって作成された「開催趣意書」には、オリンピックを「世界各国民の思想感情を融和し、もって世界の文明と平和とを助くるを目的として興りたるもの」[6]と記されている。これが嘉納のオリンピズム理解を示すいちばん最初の史料と思われるが、世界の人々を融和させていくこと、また対立を緩和させていくことなど、つまり平和運動というオリンピックの根本的な性格を的確に把握していることがわかる。IOC委員としての活動を開始した当初から、平和運動というオリンピズムの根本思想を理解していたこと、これを嘉納のオリンピズム理解の第一の特徴としてあげておきたい。

第二の特徴は、オリンピックへの参加は「世界の大勢」である、と捉えていたことである。前記の「開催趣意書」には、「欧米諸国ことごとくこれに賛同し、それぞれ国際委員ありてその事に当り、常に政府の補助あり主権者の保護あり大会を開くに当りてはその国大統領もしくは皇太子これが名誉主掌者たるをもって例となし候。（略）我が国体育の現状と世界の大勢とに鑑み、ここに大日本体育協会を組織し」[7]と書いてある。欧米諸国では、政府がオリンピックを補助し、大統領や皇太子もこれに賛同している。つまりオリンピックへの参加は、「世界の大勢」なのである。世界はそのように動いている。この流れのなかに日本も乗らなければならない。日本も欧米列強と同じ近代的な国家になっていくのであれば、オリンピックを抜きにはできない——このように嘉納は考えていた。

日本の初参加となったストックホルム大会に嘉納は、二人の陸上選手を引き連れて参加した。「諸外国と競争して、勝利を博することは、覚束ないと思ったが、いずれ百般の事について世界列国と事を共にすべきであるから、運動の事のみが仲間外れとなるべきでないと考えてともかくも参加の志を起したのである」[8]。そして実際にオリンピックに参加してみて、「実際の状況を見て得るところ少なからず。予もまた引続き欧米諸国を巡回してかの国々の体育の状況を親しく視察する事が出来て、いよいよ最初立てた方針を実行するのが適当であるという考えをますます固くした」という感想を抱いた。こうして嘉納はオリンピックに対する確信を深めていくのである。

オリンピックへの参加は「世界の大勢」に乗ることであり、日本が欧米列強と同じ近代的な国家となることを意味したが、嘉納にとってそれは単なる西洋化ではなかった。これが、嘉納のオリンピズム理解の第三の特徴である。「予の考えは、世界の永遠の平和は、彼を東洋化し、我を西洋化する努力に依って始めて成立するものと考えている。世界の国々を全く同じようにしてしまうということは不可能でもあり、また必要もないが、出来ることは同じようにする方が真の融和を得やすいと予は信じている」[9]。ここには東西文明の融合による世界平和の構築という嘉納なりの目標が設定されており、東洋および非白人としての独自のスタンスが示されている[10]。

これは、単なるオリンピズムの受容ではない。オリンピズムに嘉納が新たに書き込んだもの、欧米ではないアジアの立場から嘉納が書き加えたものといえるだろう。また、こうしたスタンスがオリンピズムについての国内での発言や宣伝を抑制させ、さらに自他共栄の思想との親近性にもまったくふれないという態度を生み出した一因かもしれない[11]。

第四の特徴は、平和運動というオリンピズムの根本思想を、少なくとも一九三七年、つまり死去する前年まで主張しつづけたことである。それを示す史料を二つ紹介しよう。一つ目は、一九二五年にマニラで開催された第七回極東選手権競技大会で、日本の陸上競技選手の退場問題が起きたときの嘉納のコメントである。ちなみにIOCは、二〇年にこの大会を正式承認するとともに、以後、嘉納に対しオブザーバーとして同大会に出席するよう求めていた。[12]

国際オリンピック会議に出席してみても、行くたびごとに唱えられているのは、これは各国の青年がここに来ては国の区別はない。お互いに手を握って融和し、国際の協調を助ける手段としなければならぬというようなことを諸国の国際委員が唱えておったことを記憶している。（略）国際競技が盛んに行われて、それが体育奨励と国際融和の媒介でありたいものだと思うが、その目的が達せられぬようならば、むしろ参加しないがよい。国際大会に参加しながら、退場して帰るがごとき〔第七回極東選手権競技大会における日本選手の退場：引用者注〕は、初めより参加せざるに若かない。[13]

二つ目は、東京オリンピックの招致が決まった翌年、一九三七年三月に「中等教育」に掲載された講演筆記のなかの一節である。「これ〔オリンピック：引用者注〕は体育の奨励、運動精神の涵養と相互の親善等の事に裨益するところがあると考えるのであります。（略）日本も諸外国に大公使を送りまた実業団体が各国に支店や出張所を設けておって、我が国と諸外国との関係はそういう方面からはあるけれども、しかし国と国との本当の親善関係はそういう事だけでは達せられぬと思うのである。そいう点から考えると、オリンピック大会に参加することは、体育の上ばかりでなく、国民と国民との間の親善がこれによって達せられると思うのであります」[14]

このとき日本は、すでに満州国の承認をめぐる対立から国際連盟を脱退し、さらにワシントン海軍軍縮条約を破棄、海軍軍縮会議からも脱退するなど、国際秩序への無謀な挑戦を繰り返し、国際的な孤立状態に陥っていた。前述の嘉納の主張は、こうした時代の緊張関係のなかでのオリンピックがもつ国際親善の役割にほかならない。特にここでは、国民と国民との間での親善という、いわゆる民間外交の重要性に焦点が当てられ、この点に関するオリンピックの独自の価値が主張されているのである。

2　「自他共栄」思想の登場とその背景

次に自他共栄思想についてみてみよう。自他共栄とは、「互いに助け合い、互いに譲り合い、我と彼とが共々に栄えるということ[15]」である。これは通常「精力善用」すなわち「心身の力を最も有効に使用する道[16]」とセットで語られる。これがいまもなお柔道の基本理念として継承されている精力善用・自他共栄なのだが、嘉納の説明によると、これは「精力最善活用、相助相譲自他共栄」を要約したものである[17]。精力善用は「自己充実の原理」で、自他共栄は「融和の原理」である、と両者を区分して説明することもあるが[18]、そもそも両者は不可分一体のものであり、何が善であるかは「自他共栄の裁判を受けて始めてこれを決定することが出来る[19]」という関係にある。つまり、道徳原理として両者は並列ではなく、価値判断基準である自他共栄が上位に位置するのであり、それとセットになってはじめて精力善用が可能となるのである。

精力善用・自他共栄について、嘉納自身が明確に述べていることが少なくとも四つある。第一に、それを主張し始めたのは一九二二年からであるということ。「私は大正十一年〔一九二二年：引用者注〕来我が雑誌紙上に、諸方における講演に、その他あらゆる機会に、精力善用・自他共栄を説いている[20]」。

史料上確認できる自他共栄の初出は、一九二二年十二月に講道館の機関誌「柔道」に掲載された嘉納の論稿「男女の中等学校年齢の生徒に望む」であり、それ以前は「自他併立」等の用語が使用されている[21]。自他共栄の主張は、二二年以降に始まる――これは嘉納の自他共栄思想を考える際の重要な手がかりになる。

第二に、第一次世界大戦後、欧米の経済状況や思想の変化を現地で視察し、それをふまえて自他共栄の主張を始めたということ。「今日のようにして捨てておけば、道徳は退廃し、思想は混乱し、国家の前途が案ぜらるる次第であるから、種々苦慮の結果一案を得たが、在職中〔東京高等師範学校長時代：引用者注〕に発表するに至らなかったのでありますが、その後欧米に行き、戦後の経済事情や、思想の変遷等を目撃することを得、ようやく自ら確信する案が出来たのであります[22]」

嘉納は一九二〇年一月に東京高等師範学校長を退任し、この年の六月から翌二一年二月に帰国するまで、約八カ月間欧米諸国を訪問し、第七回オリンピック・アントワープ大会も観戦している。このときに各国の経済状況や思想の変化を視察したことが自他共栄を打ち出すうえでの決定的な契機になったというのである。

第三に、自他共栄が「道徳の根本原理」として提起されていることである。自他共栄は、「社会生活の存続発展に符号する行動」を導く最も普遍的かつ常識的なものであると嘉納はいう。「どうしたらば社会生活が存続し、発展していくかというに、第一人々が互いに譲り合い、反目衝突せず、融和・協調することが必要である。次に、互いに助け合い、各自がその精力を最善に活用して、自他共々に栄えるようにしなければならぬ。そうすると、精力最善活用・相助相譲自他共栄、これを約言すれば、精力善用・自他共栄ということが社会生活の存続・発展という大目的に到達する大道であるということになるのである」

さらに嘉納は、自他共栄によって個人相互の間だけでなく、「国際間に紛擾・衝突・戦争の起こらぬように」することができると主張する。「戦争は人類進歩の原因をなすものであるという見方も出来ぬこともないが、広くまた深く考えてみると、それは大なる誤りである。戦争から生ずる損害は甚大なものであって、戦争の齎す利益は、平和的手段によっても得られるものである」。世界各国が条約を結び、交通の発達によって国民相互の行き来が頻繁になされるようになったにもかかわらず紛争が絶えないのは、「国々の制度・思想・道徳・習慣・風俗等の相異」のためである。そうした相違を超えて「統一を図ることが出来る」普遍的かつ常識的な道徳原理こそが、嘉納がいう自他共栄なのである。[23]

そして第四に、「道徳の根本原理」である精力善用・自他共栄を柔道にも適用し、それを柔道の基本理念として打ち出したことである。柔道は嘉納によって創始された当初より、ほかの武術とは一線を画す「文武を包含した大きな人間の道[24]」として始められたが、精力善用・自他共栄の提起によって、一九二二年に思想面での確立がなされた。

嘉納は、なぜ自他共栄を唱えるようになったのか。欧米視察が彼にどんなインパクトを与えたのだろうか。

以下では、欧米視察から帰国した直後に嘉納がおこなった講演によってこの点を追究してみたい。この講演は、「欧米視察の感想」と題して一九二一年四月から七月の「教育研究」に三回にわたって掲載されたもので、『嘉納治五郎大系』には収録されておらず、田中洋平・石川美久「嘉納治五郎の言説に関する史料目録[25]」によってその存在が明らかになったものである。

嘉納は、この講演の冒頭で、第一次世界大戦後、世界五大国の一員と言われるまで日本の地位は向上したが、「世界各国と日本との関係を考へると、甚だ心配になる事が多い」といい、第一次世界大戦後のアメリカ・イギリス・フランス・ロシアなど主要国の経済・軍事などの国力について詳細な説明をおこなう。そしてこれらの国々との比較や国際関係の動向を把握しつつ、世界の五大国の一員となった日本について客観的な把握を試みる。[26] こうした検討をふまえて、嘉納は日本の国力増強のためには人口を増加させる必要があるが、そのためには日本人の海外移住が不可避だと指摘する。日本のような狭い風土で増加する人口を支えることは困難であるというのがその理由だ。そしてこの海外移住を実現するためには、「世界各国人より、日本人は同等或は同等以上であると認められるやうにならなければならぬ。彼等から尊重され、彼等から好かれ、さう云ふ日本人にならなければならぬ」と主張する。嘉納の海外膨張論については、これまでにも指摘されているが[27]、ここではそれが日本人教育論と一体となって主張されているのである。

続けて嘉納は、「今我が日本が最も注意しなければならぬ事」は、「日本は第二の独逸の如き国で、兵を養つて外の国を蚕食しやうと思つて居る」と誤解されていることであるとし、「日本は外の国と喧嘩をしたり、外の国を苛めたりするものではない。又外の国より間違つた事を以て脅かされる訳もない。何処迄も各国と一致して、人類の福祉を増進し世界の融和を図つて行く、其の仲間であると云ふ考を持たせなければならぬ」と主張する。

「今日の日本は諸外国から甚しく誤解されて居る。だから理解を得る事に力めなければならぬ。（略）さもなくば日本は世界に孤立して、何を主張しても向ふの人は耳を傾けて呉れない」といった主張は、この講演の後半で再び繰り返され、外国語教育などの具体策を提起するのだが、この点についてはあとで取り上げる。

さて、この長い講演のなかで、嘉納が日本が直面している最大の問題として強調したのは、国内の調和である。そのためには、国体すなわち天皇を中心とした日本の国家形態や歴史を尊重しながら、世界の大勢と調和するという大方針によって国民を教育すること、これが急務中の急務であるというのが嘉納の考えである。そして嘉納は、これは「余程考慮を要する研究問題」だが、「教育者」こそがそれを担う「憂国の士」となるべきであると主張する。

今日の急務は国内の調和である。即ち日本の国体を尊重し歴史を重んじ、それを世界の大勢と云ふものと能く調和するやうに、教へて行かなければならぬ。唯昔の人が説いたが如く、唯皇室とか歴史と云ふことだけでは、今日の世界の思潮に触れて居る者は満足しない。さらばと云ふて、外国で斯うするかと云ふて、外の国の真似をするやうでは、国内の統一の方針には適はない、歴史と相容れない、さう云ふことでは国内の平和は保たれないから、世界の大勢を能く考へ、日本の国体歴史能く考へてよく調和せしめるやうに国民を教へなければならぬ。而して此の大方針に対しては、恐らく何人も異存はなからうと思ふが、然らばどう云ふ風に説いたら宜いかと云ふことは、是は余程考慮を要する研究問題である。是は憂国の士が一刻も早く、何人も承知するやうな一つの形にして、国民が己れの立場、己れの対外方針を誤らしめないやうにする事が、今日急務中の急務であらうと思ふ。而して此の研究、又此の精神の徹底に任じなければならぬのは教育者であらうと思ふのである。[28]

歴史と伝統と世界の流れを調和させる。これ以外に方策はなく、歴史や伝統あるいは外国がこうだなどといっても多くの人は納得しないだろう。両方が必要であり、調和させることが大事である——このようなスタンスが嘉納の思想の根幹をなしているのである。先にみたようなオリンピズムへの東西文明の融合という内容の書き込みも、こうした嘉納の独自のスタンスがもたらしたものといっていいだろう。[29]

では、国内の調和を図るための鍵となるものは何か。それは、労働者と資本家の対立の解消であり、これこそが日本が直面している第二の大問題であると嘉納はいう。

第二に、最も今日の大問題中の一つは、労働と資本との関係であります。御承知の通り、日本は昔から地主は存外自分の地内の者を可愛がる。其の中に多少の相違はあるが、概して調和は保たれて居つた。（略）其の精神を以て資本主と労働者の関係を能く教へて、（略）譲り合ひが出来たならば、今日の労使協調と云ふが如き事も、徹底的に行はれると思ふのであります。（略）日本は欧米諸国と工業の競争をして、勝利を得るには色々の要素があるが、先づどうしても労銀を安くして、物を安く作るより外に勝ち目はない（略）所謂協調融和に依つて競争すると云ふ外には、有力な途はないと思ひます（略）それにはどうしても普通教育を盛んにして、人間の心掛けを宜くするより仕方がない。(30)

この問題も、お互いに譲り合うということで解決できる。日本の伝統的な地主小作関係を生かしながら、労使間の調和を図っていかなければならない。また、そのためには普通教育の振興が必要であるというのである。

嘉納は帰国後、欧米での体育・スポーツの先進性や、日本でのそれらの普及の重要性についても語っているが、(31)日本が直面している問題に照準を合わせたときには、体育が最重要ではない。優先順位からいえば第一に徳育であり、知育、体育は二の次で、徳育によって国内の調和を図ることが最大の課題となると嘉納は考えていた。

最も重きを措くのは徳育であります。其の次に知育体育、此の二者は軽いとは言へないが、一番徳育が大切であります。然るに今日徳育の為めに、どれだけ工夫し、どれだけ努力して居るかと云ふと、学術上の研究から言うても、実際方面に於ける研究から言うても、他の方面に比して全く等閑に付せられて居る。方法が尽されて居らぬと思ひます。故に日本将来の教育に於ては、徳育に関して、一層深く緻密な研究をして、其の実行に力めなければならぬ。（略）

又小学校に施して多くの効力ある事にも今一層力を入れて、（略）徳育、人間としての心掛、世に己の身を処する仕方、さう云ふ方面の事に向つて徹底的に研究し、徹底した教育を行ふと云ふことにもつと力を尽くさなければならぬ。（略）さう云ふ風に日本に於ても人物教育に重きを置き、立派な心掛の人を沢山作り、内輪喧嘩抔はやめて国内の調和を図り、国力を充実せしめなければならぬ。(32)

嘉納はこの講演の最後で、ふたたび対外関係の改善の重要性を主張する。「今日の日本は諸外国から甚しく誤解されて居る。だから理解を得る事に力めなければならぬ。（略）さもなくば日本は世界に孤立して、何を主張しても向ふの人は耳を傾けて呉れない」(33)。ではどうすればよいか。その具体策の一つが、外国語ができる人物を育てることだと嘉納はいう。「世界の仲間に入つて、大いに勢力を得るの準備としては、日本国民全体と云ふことは不可能であるが、さう云ふ事に関係する人には、もつと外国語の素養を十分にして平素適当の人物を各国に配置して置かなければならぬ。同時に向ふの人を成るべく大勢日本に招いて、日本を理解せしめ親ませなければならぬ。（略）それにしても外国語は唯本を読むと云ふばかりでなく、話の充分出来る人が必要である」[34]

外国語の重要性を説明するにあたって、嘉納は自身がＩＯＣ委員になって国際会議に出たときの体験を例にあげている。自分の意見を言うためには、まず外国語ができなければならないが、重要なのはそのなかで人間関係を築いていくことであり、それなしに自分の主張を通すことは難しいと嘉納はいう。以下の引用は、ＩＯＣで嘉納が発言力をつけていく過程についての証言でもあり、この延長線上にオリンピック東京大会の招致が現実のものとなっていったのである。

私は八年前〔一九一二年：引用者注〕始めて国際オリンピック委員会に出た時つく〳〵感じた。会議は仏蘭西語で遣るのであるから、主に英語を学んだ自分にはどうしても分かぬ勝ちで困つた。（略）所が今度は二度目でもあり、少しは勝手が分つて来たから、大分都合がよくなつて来た。相変らず仏語は不充分ではあるが、少しは熟れもし会議の時の話も悉くは分らないまでも、大体は分るやうになり、此方から仏語で議論をするだけには行かぬが、幸ひ自分の述べる方は英語でも差支ないことになつて居るので、それでどうか斯うか議論も出来、主張もし、人の意見も批評する事が出来たのである。さうして今度は前に行つた時の知り合いがあつて、無論平常も手紙の往復をして居つたから、ヤー久し振りだ、八年振りだと云ふて肩を叩き合ふ、英語を話す人は英語、英語の出来ない人は、どうか斯うか仏語で談話もすると其の間に親みが出来て、さうして会議の前に寄合もし、明日の問題は斯う云た風にやらう、貴方もやつて下さいといふ風に談合なども出来、或る事柄の如きは外の人と協力して、会議の前に大体の方針を動す事も出来たのであります。是は二度目でもあり、知り合が出来て馴染になるから、此方の云ふ事を聞くと云ふ訳で、何事も大変都合よくなつて来る（略）此の次はもう少し言葉も熟し、又古参にもなつて、仲間の中でも幾らか勢力のある部分に入る事が出来よう、斯う云ふ訳であるから、国際間の他の会議に於ても日本の主張を通すにはどうしても言葉と親みが出来なければ、迚も物にならないと思ふ。(35)

さらに語学教育に関連して嘉納は、日本の文字の使用をやめてはどうかという提案もおこなっている。ひらがな、カタカナ、漢字をローマ字に変えるというのである。

日本の教育の成績の挙らないのは、何かと云ふと言葉の為めであると思ふ。是は思切つて羅馬字にしなければならぬ。併し急に羅馬字にする事も出来ないから、今の漢字、仮字、羅馬字併用で、或年限は少々無益であるが両方を用ひて、其の中に日本の歴史でも法律でも羅馬字で書いたものを揃へ、両親と子供との間も、羅馬字で書いたものが分ると云ふ時代になつたら、羅馬字だけにしても宜いが、これは中々急には望めない。それ故一刻も早く是に着手をしなければならぬ。(36)

なんとラディカルな提案であることか。嘉納のローマ字に関する主張については、すでに田中らによって指摘されているが[37]、これは従来の嘉納についてのイメージを覆すものといっていいだろう。日本の歴史と伝統の尊重を説きながら、ここでは日本の文字を捨てるべきだという。日本が直面している課題を解決しなければならないという嘉納の強烈な思い、そして課題解決に向けた嘉納の合理的な思考の一端をここに見ることができるだろう。

以上が「欧米視察の感想」という講演記録の内容である。まとめると、①国体という日本の政治体制のあり方と歴史を尊重しつつ世界の大勢と調和しながら維持していくこと、①を大原則としながら、②国内的には、労使関係の調和を図ること、③対外的には、日本に対する誤解を解き、他国と融和を図っていくこと、そして④それらを教育、特に徳育と外国語教育によって実現していかなければならないということ、である。

嘉納は、これらが日本が直面している急務の課題であると主張した。欧米視察が嘉納にこうした確信をもたらしたのである。このような嘉納の課題意識は、嘉納の思想的根幹を形作るものであり、この点をふまえたうえで、私たちは講道館文化会の設立や自他共栄の提起など、その後の嘉納の精力的な活動の意味を理解する必要があるだろう。

3　嘉納思想のなかの「自他共栄」とオリンピズム

嘉納は、日本が直面している急務の課題に挑む「憂国の士」は教育者だと言った。そうした人物の登場を嘉納は願ったが、結局自分がいちばんにその役目を買って出た。講道館文化会を立ち上げ、活発な講演活動をおこなうなど、嘉納は残りの人生を懸けて精力的に活動していく。「道場のみの教育では、精神教育の徹底を期することが出来ぬ[38]」と言い、道場の外に飛び出し、いまこの国に必要な人間をつくること——このことに嘉納は全精力を傾けていったのだった。

嘉納の思想のなかで「自他共栄」は、最も重要なキーワードである。お互いに譲り合う、共に栄えるということ——これが嘉納が考えた道徳の根本原理だった。なぜけんかをしてはいけないか、なぜ不倫はいけないのかなど、単純だが、すべてをこの「自他共栄」で説得的に説明できる。嘉納は、「国民は古来忠孝を教えられ、愛国の必要を説かれているが、これらは空莫たる概念に止まり、実際の行動を指導するに適当せず、国民を動かす力としては不十分たるを免れぬ（略）私は精力善用自他共栄こそ最も適当なるものと考える[39]」と言い、さらに「幾ら教育勅語をよく暗記しておっても、それだけで道徳教育は出来ぬ。（略）2＋2＝4は万古動かざる理屈である。かくのごとき理窟をもって説明せぬとだれもが納得するものではない[40]」と主張する。この誰もが納得せざるをえないことを道徳レベルにまで突き詰めていくと社会生活の融和としての「自他共栄」に行き着く。こ

れが嘉納がさまざまな思索を積み重ねてたどり着いた結論だったのである。(41)

嘉納の思想の特徴は、そのスケールの大きさと同時に、切実な日本の課題とセットになっていることに加え、内容がきわめて論理的かつ具体性を備えている点にある。オリンピズムもまたこうした嘉納の思想に基礎づけられて、意味づけがなされ、東西文明の融合など独自の形を生み出していったとみるべきだろう。先に嘉納のオリンピズム理解の特徴の一つとしてあげた「世界の永遠の平和は、彼を東洋化し、我を西洋化する努力に依って始めて成立する」という主張が一九二二年三月、つまり「自他共栄」の提起とほぼ同時期になされているという事実も、そのことを示唆しているのではないだろうか。

さて、以上のことをふまえて、一九二二年の「講道館文化会創設の趣旨(42)」にあらためて目を向けると、これが「憂国の士」の教育者としての嘉納自身が格闘の末に到達した一つの回答だったことがよく理解できる。

晩近世界の大勢を察するに国際関係は日に錯綜を加え国々互いに融和提携しなければ独立を維持することが困難になってきた。したがって吾人は今日の状態に満足せず進んで広く世界に友邦を得ることに努めなければ国家の隆昌を期することが出来ぬ。顧みて今日の国情はといえば国民の遠大の理想なく思想は混乱し上下奢侈に流れ、遊惰に耽り地主は小作人と反目し、資本主は労働者と衝突し、社会到るところに名利権力の争いを見るのではないか、一刻もすみやかにこの境涯より我が国を救い世界の大勢に順応することの必要なるは識者のひとしく感を同じうするところである。この時に臨んで我が同志は多年講道館柔道の研究に依って体得した精力最善活用の原理を応用して世に貢献せんと決心し新たに講道館文化会を設くることとした。

この文章には、国際関係から始まって国内の状況、またこれらの課題を世界の大勢に順応しながら解決していかなければならないなどと書かれているが、その背景にある嘉納の課題意識を率直に、そして最も詳細に語ったものが先の嘉納の講演記録「欧米視察の感想」だったのであり、両者は不可分のものといっていいだろう。

「講道館文化会創設の趣旨」には、自他共栄という用語はまだ出ておらず、精力善用・自他共栄がセットで登場するのはもう少しあとになる。だが、「宣言三」の「社会に在っては個人団体おのおの互いに相助け相譲り徹底せる融和を実現せしめんことを期す」は、明らかに自他共栄の思想であり、さらに「宣言四」には、「世界全般にわたっては人種的偏見を去り文化の向上均霑に努め人類の共栄を図らんことを期す」とある。均霑というのは、平等に恩恵や利益を受けるという意味だが、ここでは「人種的偏見を去り」という部分に注目したい。この一文の前提となっているのは、日本人を含めたアジアの黄色人種もまた、西洋人による差別や偏見にさらされているという現実だろう。嘉納は、たとえばアメリカを訪問した際に、日本人移民が受けている差別の実態を目撃し、また、出席した国際会議などでも、人種的な差別や偏見を実感していたにちがいなく、そのような立場からこの一文を認め、また先に指摘した東西文明の融合のような、独自のオリンピズムを主張していったのではないだろうか。

一九三二年八月、嘉納はオリンピック・ロサンゼルス大会への出席とオリンピック東京大会の招致のために渡米した際、南カリフォルニア大学で「柔道の教育への貢献」という英語講演をおこなっている。そのなかで嘉納は、

社会のすべての構成員が争いや不和をせず、平和や繁栄の下に暮らすことができるのは、自他共栄を目指すことよってのみ可能であるということを誰も否定することはできません。(略)互譲の精神は人間の生活における決定的な要素と益々なりつつあります。それは、私達が国際連盟を形成するようになったことや、また世界列強国が陸海軍の軍備縮小のために会合するようになったのは、この自他共栄の原理が承認されているからではないでしょうか。(43)

と主張している。さらに一九三四年六月、嘉納がアテネでのIOC総会に出席した際、当地のパルナッソス協会でおこなった英語講演「柔道の原理とその人間活動すべての面への応用」の最後でも、ほぼ同様のことを主張している。(44) これら二つの講演で、嘉納が自他共栄の原理が承認されていることの一例としてあげたのが国際連盟だったが、後者の講演の時点で日本は、すでに国連から脱退していた。つまり国連の話題は、日本国内では決して持ち出すことができないものとなっていたのであり、嘉納が憂慮していた対外関係は、嘉納の期待とは逆の方向に大きく踏み出していた。

嘉納は、先にみたように少なくとも一九三七年まで、平和運動というオリンピズムの根本思想を主張しつづけたが、その後対外関係がさらに悪化していくなかで、嘉納はオリンピズムをどう語っ

たのか。これを示す史料が、嘉納の死後、鷺田成男による口述筆記として雑誌「改造」に発表された「わがオリンピック秘録」である。このなかで嘉納は、次のように述べている。

オリンピックへ乗出すについては、私は最初から大それた考えを持っていた。これに参加することによって国民全般の体育熱を煽るのだが、一方にはただ欧米各国の尻馬に乗っていてはいけない。日本精神をも吹き込んで、欧米のオリンピックを、世界のオリンピックにしたいと思った。それには自分一代で達成することが出来なかったら、次の時代に受け継いでもらう。長い間かかってでもよいから、オリンピック精神と武道精神とを渾然と一致させたいと希ったのである。

その最も手近い方法としては、我が国の選手が、心にしっかりした大和魂、武士道精神を持っていて、競技場では世界青年の模範になることだ。次いではその精神で鍛えられた選手が競技で優勝することだ。それに向かって進もうと心の底で覚悟を定めていた。(45)

ここでは東西文明の融合という嘉納の独自のオリンピズムが、「日本精神」を吹き込むとか「オリンピック精神と武道精神」を融合するという言葉で語られている。オリンピック東京大会そのものが、日本の紀元二千六百年という特別の意義に鑑みて、国民精神の発揚と日本文化のアピールにつとめることを基本方針の一つに掲げていたが、東京大会の開催にあたって嘉納も、「日本的オリンピック(46)」を唱え、実際のプログラムでもデモンストレーション競技として野球とともに武道を実施することが計画されていた。(47) それらをふまえて、嘉納は「オリンピック精神と武道精神」の融合という表現を用いたのかもしれない。

この文章が公表された当時は、日中戦争が勃発して一年が過ぎ、戦争を機に日本精神や武道精神が脚光を浴びていた。(48) こうしたなかで、嘉納の精力善用・自他共栄思想に対して、それを「非武士道的の、然も独善的の解説」「まぎらはしき西洋流の説法」などと批判し、講道館の「柔道教義」の「転向」を求める主張も現れていた。(49) このような状況をふまえるならば、嘉納あるいは口述筆記した鷲田が、こうした批判をかわすために「日本精神」や「武道精神」という用語をあえて使った可能性も考えられる。真偽のほどは不明だが、時代状況がこうした表現を嘉納に強いていたことはまちがいないだろう。

おわりに——嘉納思想の輝きと陥穽

精力善用・自他共栄は、「あまねく人類が行動の憑拠《ひょうきょ》とすべきもの」であり、「世界の平和も人類の福祉も」これによって「実現し得べきものと信ずる」。(50) また嘉納はこうも言っている。「本統《ほんとう》の人間の道は自他共栄であって、利己でもなく犠牲・献身でもないのである。（略）ただ生命を棄て物質を棄てることそのことが善事であるかのごとく誤解するものがあるから、軽率に生命を擲《なげう》ち、無意味に物質を濫費するようなことが行われるのである。各人が自他の真意義を了解するに至らば、人間の行動ははるかに有意義になり、したがって人と人の間の融和協調が完全に出来るようになるのである[51]」

しかし、嘉納が主張した精力善用・自他共栄による融和協調や世界平和の構築は、その後、戦争によって踏みにじられ、ひたすら国のために命を捧げることが臣民の義務とされていった。こうした現実が嘉納の思想に相反するものだったことは明らかだが、実はそう評価するだけではすませることができない問題が彼の思想そのもののなかに潜んでいた。最後にこの点にふれておきたい。

嘉納の思想の根幹をなすものは、先にみたように、世界の大勢と調和するとともに国体すなわち天皇を中心とした国のあり方や歴史を尊重するというものだった。一九三一年一月に発表された論稿のなかで嘉納は、団体生活での「結束には中心を要する。鞏固なる中心があればその結束が固く、これを欠けばその結束は崩れやすい」が、わが国には「皇統連綿たる皇室」という「確かなる中心」があり、「それゆえに皇室を尊崇し、国体を擁護することは、我が国における精力善用主義の帰結」である。つまり「精力善用主義は自他共栄主義と国体擁護主義とを包容するものである[52]」と主張している。

さらにその直後に書いた論稿では、「今日の時勢に適当なる道徳」として、「融和協調の道徳、相助相譲自他共栄の道徳」をあげるとともに、「国家の統一に必要なる道徳の尊重をも忘れてはならぬ。それがすなわち皇室を奉戴するという道徳である。これらは精力善用主義を国家に応用する時は必然生じてくる観念である[53]」と主張している

ここでは精力善用の善悪の判断基準が、自他共栄ではなく、国体の擁護に置かれている[54]。このよ

うに嘉納の思想のなかでは、国体の擁護が自他共栄と同等か、それを上回る上位の価値基準として存在していたのである。したがって天皇の名によって進められていく戦争に異を唱えることはありえず、その場合、自他共栄は自己否定され逼塞するしかない。実際、嘉納は満州事変に対しても、「満蒙に対しその秩序を保ち平和を維持せしむるため」には「国民が精神を一にし結束を固くして進まなければならぬ。（略）希わくは柔道の修行者は、最善の力を尽くして時世の要求に応ぜられたい[55]」と訴えている。

嘉納の思想には、平和構築の理論としての決定的な弱点が存在していたのである。しかし、それでもなお嘉納が提唱したオリンピズムと自他共栄の思想それ自体は、普遍性をもった人類の希望として輝きを放っている。嘉納はそれが戦争によって全面的に否定される現実を見ないままこの世を去った。もし嘉納が生きていたなら、日本が一九四〇年のオリンピック東京大会を返上しなかったかもしれないという見方もある[56]。しかし、もしそうであったとしても、その後に勃発した第二次世界大戦、アジア・太平洋戦争による大会の開催中止はやはり避けることはできなかっただろう。日本と世界の現実は、嘉納が望んでいたオリンピズムや自他共栄の理想とはほど遠いものだった。そして残念ながらそれは、八十年以上たった今日でもさほど変わってはいない。

注

(1) 二〇一六年十月一日放映のNHK『英雄たちの選択　目指せ平和の祭典　一九四〇年・東京』も、

この点を嘉納の書簡などの史料によってクローズアップしている。
（2）永木耕介『嘉納柔道思想の継承と変容』風間書房、二〇〇八年、阿部生雄「嘉納治五郎とピエール・ド・クーベルタン――「精力善用・自他共栄」とオリンピズム」「筑波大学体育科学系紀要」第三十二巻、筑波大学体育科学系、二〇〇九年、和田浩一「嘉納治五郎から見たピエール・ド・クーベルタンのオリンピズム」、金香男編『アジアの相互理解のために』所収、創土社、二〇一四年、など。なお、嘉納治五郎に関する新たな研究動向については、和田浩一「嘉納治五郎のピエール・ド・クーベルタン宛書簡（一）――嘉納のＩＯＣ委員就任から第一次世界大戦まで」（「講道館柔道科学研究会紀要」第十二輯、講道館、二〇〇九年、一八ページ）参照。
（3）前掲『嘉納柔道思想の継承と変容』一二二―一二八ページ
（4）講道館監修『嘉納治五郎大系』全十四巻、別巻、本の友社、一九九五年（初版は一九八九年）。以下本章では、『大系』八などと書名と巻数を略記する。
（5）こうしたなかで、嘉納のクーベルタン宛て書簡という新たな史料によって、クーベルタンとの思想的交流に迫った研究として、前掲「嘉納治五郎のピエール・ド・クーベルタン宛書簡（一）」、和田浩一「嘉納治五郎のピエール・ド・クーベルタン宛書簡（二）――第一次世界大戦からクーベルタンのＩＯＣ会長辞任まで」「講道館柔道科学研究会紀要」第十四輯（講道館、二〇一三年）がある。
（6）「国際オリンピック大会選手予選会開催趣意書」一九一一年十月七日、『大系』八、二九三ページ
（7）同資料。次の引用も同じ。
（8）「大日本体育協会の事業について」「柔道」第一巻第一号、講道館、一九一五年、『大系』八、二九八ページ。次の引用も同じ。
（9）「国際オリンピックを終えて　第七回」「有効乃活動」第八巻第三号、柔道会本部、一九二二年、

『大系』八、三四三ページ

(10) 一九三二年のオリンピック・ロサンゼルス大会で渡米した際にも嘉納は、日本で発達した「特殊の文明」を「米国に移植」して、「北米文明」と接触させることが必要だと主張している(「米国における日系米国人に何を説いたか」「作興」第十一巻第十号、講道館文化会、一九三二年、『大系』九、二八四ページ)。

(11) 極東選手権競技大会の日本開催をめぐるアメリカYMCAのエリウッド・ブラウンらとの関係もまた、こうした嘉納のスタンスを生み出した一つの要因だったかもしれない。ヒューブナーは、両者の間にはアメリカYMCAのキリスト教的・国際主義的スポーツ観と武士道(個人の名誉と侍の義務という哲学)に深く根ざした民族主義的な体育観の対抗があったという(シュテファン・ヒューブナー『スポーツがつくったアジア――筋肉的キリスト教の世界的拡張と創造される近代アジア』高嶋航／冨田幸祐訳、一色社、二〇一七年、五六―六一ページ)。

(12) ヒューブナーは、嘉納が団体スポーツを含めたスポーツ全般を奨励するようになり、オリンピズムの提唱者としての経歴を刻み始めるのは、一九一七年に東京で開催された第三回極東選手権競技大会の会長を務めてスポーツに対する民衆の関心の高さを実感し、さらに二〇年のこのIOC決定を受けて以降であると指摘している(同書五七―六一ページ)。

(13) 「競技運動の目的およびその実行の方法について」「中等教育」第五十二号、中等教育会、一九二五年、『大系』八、二五一―二五二ページ

(14) 「オリンピック大会東京大会招致に至るまでの事情についておよび道徳の原則について」「中等教育」第八十四号、中等教育会、一九三七年、『大系』八、三五五―三五六ページ。修身科協議会での講演筆記。

(15)『精力善用自他共栄』愛日教育会、一九二五年、『大系』九、五〇ページ
(16)中嶋哲也「戦間期における日本柔道の転機――真剣勝負をめぐる論争を中心に」「月刊武道」二〇一五年二月号、日本武道館、一七〇ページ
(17)「まず皇国のために進んでは人類のために実現せしめんとする吾人の理想」「作興」第五巻第九号、講道館文化会、一九二六年、『大系』八、二五五ページ
(18)「精力善用と自他共栄の関係について」「作興」第八巻第九号、講道館文化会、一九二九年、『大系』九、八六―八七ページ。次の引用も前掲『嘉納治五郎思想の継承と変容』一二二ページを参照した。
(19)前掲「精力善用と自他共栄の関係について」八六ページ
(20)「我が同志に精力善用と自他共栄主義の徹底に一層の努力を望む」「作興」第八巻第四号、講道館文化会、一九二九年、『大系』九、七六ページ。なお、自他共栄主義の公表を決意したのは、一九二一年末頃だったという(「柔道家としての嘉納治五郎 第一六回」「作興」第七巻第四号、講道館文化会、一九二八年、『大系』十、一四四ページ)。
(21)前掲「戦間期における日本柔道の転機」一七五ページ。鈴木康史は、嘉納の「六十年間の経験に基づいて後進の諸子に告ぐ」(「有効乃活動」第七巻第十二号、柔道会本部、一九二一年、『大系』十所収)を自他共栄に近い思想が鮮明になった最初のものとしている(「経験・言語・宣伝――思想史からの嘉納治五郎」「体育思想研究」第一号、「体育思想研究」編集委員会、一九九七年、二五ページ)。
(22)前掲『精力善用自他共栄』四九―五〇ページ。前掲「柔道家としての嘉納治五郎 第十六回」一四二ページも参照。
(23)前掲「まず皇国のために進んでは人類のために実現せしめんとする吾人の理想」二五三―二五五ペ

ージ
(24)「広く柔道修行者に告ぐ」「柔道」第八巻第八号、講道館、一九三七年、『大系』一、七五ページ
(25) 田中洋平／石川美久「嘉納治五郎の言説に関する史料目録（二）――『嘉納治五郎大系』未収録史料（大正期）を中心に」「武道学研究」第四十三巻第二号、日本武道学会、二〇一一年、三四ページ。なお、同「嘉納治五郎の言説に関する史料目録（一）――『嘉納治五郎大系』未収録史料（明治期）を中心に」（「武道学研究」第四十二巻第二号、日本武道学会、二〇〇九年）と合わせると同目録に掲載されている『嘉納治五郎大系』未収録史料は、計五百八十七点にのぼる。
(26) 以下の引用は、注記があるものを除いて、嘉納治五郎「欧米視察の感想」（「教育研究」第二百二十二号、初等教育研究会、一九二一年、八二―九〇ページ）による。
(27) 前掲「経験・言語・宣伝」二五―二六ページ
(28) 嘉納治五郎「欧米視察の感想（承前）」「教育研究」第二百二十三号、初等教育研究会、一九二一年、五九ページ
(29) 嘉納治五郎「欧米視察から帰へりて」「帝国青年」第六巻第六号、青年団中央部、一九二二年、二七ページでは、「自己の長所を存分発揮して世界各国に紹介し、遂に世界を日本化することに努力しなければならぬ、是と同時に日本人の及ばぬことは、どしく〳〵他国から学んで、何処迄も自国の進歩を計らねばならぬ。斯くてこそ欧米諸国と日本とは一層接近し、社交上にも融和が出来易くなるのである」と述べている。
(30) 前掲「欧米視察の感想（承前）」五九―六〇ページ
(31) 前掲「欧米視察から帰へりて」二七―二九ページなど
(32) 前掲「欧米視察の感想（承前）」六〇―六一ページ

(33)前掲「欧米視察の感想（承前）」六三ページ。前掲「欧米視察から帰へりて」でも、嘉納は同様の主張をして、人種差別を戒めている（二七ページ）。
(34)前掲「欧米視察の感想（承前）」六四ページ
(35)同資料六三ページ
(36)嘉納治五郎「欧米視察の感想（承前）」「教育研究」第二百二十五号、初等教育研究会、一九二一年、八〇ページ
(37)前掲「嘉納治五郎の言説に関する史料目録（二）」二六ページ
(38)「報国更正団の結成につき講道館員に告ぐ」「柔道」第九巻第三号、講道館、一九三八年、『大系』一、三一八―三一九ページ
(39)「国民の指導原理として精力善用自他共栄を論ず」「作興」第十二巻第一号、講道館文化会、一九三三年、『大系』九、一〇七ページ
(40)前掲「オリンピック大会東京大会招致に至るまでの事情についておよび道徳の原則について」三六三―三六四ページ
(41)同資料三六四―三六五ページ
(42)「講道館文化会創設の趣旨」「講道館文化会会報」第一号、講道館文化会、一九二二年、『大系』九、一二―一四ページ。以下の引用も同じ。
(43)小野勝敏「嘉納治五郎による二編の柔道講演」「岐阜経済大学論集」第四十二巻第一号、岐阜経済大学学会、二〇〇八年、九ページ
(44)同論文一三ページ。その一方で、嘉納は一九三三年十月にスペインのマドリードで開催された列国議会同盟会議でおこなった演説の一部を日本語で紹介する際には、「国際聯盟のごときも、各国が自

国の利益のみを考えて、他国のことを顧みないようでは本当の目的を達することが出来ぬ。いずれの国も自他共栄を旨として、世界のために尽すという心持をもって事に臨まねばならぬ」と国連を批判している（「柔道に関する私の抱負」「柔道」第六巻第三号、講道館、一九三五年、『大系』一、三九八ページ）。

（45）「わがオリンピック秘録」「改造」第二十巻第七号、改造社、一九三八年、『大系』八、三六九―三七〇ページ。鷲田によれば、この口述がなされたのは、オリンピック・東京大会の中止が噂された一九三七年秋だったという（同資料三七八ページ）。

（46）清水諭「なぜオリンピックを東京に招致しようとするのか」、日本体育協会監修、菊幸一編著『現代スポーツは嘉納治五郎から何を学ぶのか――オリンピック・体育・柔道の新たなビジョン』所収、ミネルヴァ書房、二〇一四年、六〇―六一ページ

（47）組織委員会宣伝部「返上前と後」、大日本体育協会「オリンピック」第十六巻第八号、成美堂、一九三八年、一一ページ

（48）拙稿「武道界の戦時体制化――武道綜合団体「大日本武徳会」の成立」、坂上康博／高岡裕之編著『幻の東京オリンピックとその時代――戦時期のスポーツ・都市・身体』青弓社、二〇〇九年、二五〇ページ以下

（49）中嶋哲也「日中戦争期における講道館柔道への理念批判――日本精神を主張した藤生安太郎を中心に」「スポーツ史研究」第二十四号、スポーツ史学会、二〇一一年、三五―三六ページ

（50）前掲「柔道に関する私の抱負」三九七―三九八ページ

（51）前掲「まず皇国のために進んでは人類のために実現せしめんとする吾人の理想」二五八―二五九ページ

(52) 以上、「精力善用国民体育の幹部講習会を終りて」「作興」第十巻第一号、講道館文化会、一九三一年、『大系』八、一九七―一九八ページ。「国民体育と国民精神」(「作興」第十巻第三号、講道館文化会、一九三一年、『大系』八、五六ページ)でも同様の主張がなされている。

(53) 「精力善用国民体育の普及について」「作興」第十巻第五号、講道館文化会、一九三一年、『大系』八、二二二ページ

(54) 「柔道は皇室の尊崇すべきを説き、国体の擁護すべきを主張する」といった発言は、嘉納治五郎「広く柔道の修行者に告ぐ」(「柔道」第八巻第八号、講道館、一九三七年、『大系』一、七六ページ)などにもみられる。

(55) 「いかにすれば今日の柔道を国民の柔道となし得るか」「柔道」第三巻第一号、講道館、一九三二年、『大系』一、三〇一―三〇二ページ

(56) 二〇一六年八月十五日放映のＮＨＫ『戦跡　薄れる記憶　幻の東京五輪　明かされる日中秘話』(http://www.nhk.or.jp/d-navi/link/senseki/8/)［二〇一七年八月六日アクセス］での真田久の発言。

第3部　戦後の日本社会と東京、オリンピズム

第6章 成長の時代の幻像
——精神史としての東京オリンピック

内田隆三

はじめに

オリンピックを捉える視点は多々あるが、本章では日本と日本人にとってのオリンピックを問題にしている。経済の高度成長期がその前半を終える頃に開催された、一九六四年の東京オリンピックの意味や位置価を検討することが主題であり、その際「精神史としてのオリンピック」という視点から重要と思われる論点を考察している。もちろん、日本と日本人にとっての「精神史としてのオリンピック」という主題の研究は、もっと大きな構成をもって実現すべきものだろう。ここでは、そのための方法意識である「精神史」という視点のはたらきを具体的に呈示するかたちで問題を取り扱っていきたい。

行論では、東京オリンピックを少年期に経験した自分の記憶を探ることから議論をはじめている。わたし自身はこのオリンピックの射程の外に立つのはむつかしく、自分のうちなるオリンピックから問題の深さを見ていこうと思ったからである。わたしが多少とも自分の記憶を離れるのは「精神史」という視点を設けることによってである。日本や日本人にかんする人々の問題意識のうちには、彼らの生存の連続性にかかわる、なにか呟くような歴史が〈幻像〉のように揺らめいている。わたしが「精神史」という視点を設けるのは、それらの問題意識を歴史的な奥行きのある事象として捉えたいからである。

歴史的な奥行きのうちには、具体的な事実が配分されている。それらは個々の行動だったり、制度的あるいは構造的な制約だったりする。だが、歴史的な奥行きは、そうした事実の配列を、ある時間の流れを通して見る主体の意識と相関して成立している。人は過去を振り返り、自分の経験を了解するが、そのとき事実の配分を透かしてその人に相応しい歴史の奥行きを見ている。こうした歴史の奥行きが多数、ずれたり、重なったりしながら、ある部分で深い結びつきを示すなら、そこには集団の精神史と呼んでいいものが垣間見えており、かつて東京オリンピックはそうした精神史を独特な仕方で媒介したのである。

1　二〇二〇年への問い

オリンピック――アメリカを超えるもの？

一九六四年十月にオリンピックが開催されたとき、わたしは大阪市の中学三年生だった。東京オリンピックは、多くの人々と同じように、わたしにも、テレビというメディアを介してやってきた。わたしにとって、それは二番目の、（1）ほとんど全「世界」の外国とかかわる、（2）ほとんど全「国民」的なレベルの経験となったのである。思うに、わたしたちの世代は、連合軍の支配（間接統治）のもと、主権を小さな領土に限定された日本に生まれ、一ドル三百六十円という固定為替相場の枠組みのなかで、また平和憲法と在日米軍が表裏をなす両義的なシステムの内部で育ったことになる。日本人の移動という面でも、外国への渡航が自由化されたのは東京オリンピックが開催された一九六四年のことである。鎖国ではないにしても、巨大な力によってつくられた、見えない隔壁のなかの小さな「国内」で育ったのであり、国際的な「世界」は教科書やテレビ画面の向こう側にあるほとんど未知の存在といってよかった。

「外国」について考えると、アメリカにかんする情報が圧倒的に多かった。ただしそのアメリカに対しては複雑な感情を持っていた。小学生の頃に読んでいた少年漫画では、戦記もの、戦争物が少なくなかったが、それらの物語はしばしば日本軍の悲劇や不運を描いていた。またわたしたちは、親族の戦死や負傷、戦場体験、抑留や捕虜の体験、そして原爆や空襲や機銃掃射の被害経験などを、人の口から、直接、聞かされた世代だった。だがなぜ日本は負けたのか、なぜ戦争をしたのかといった問いは、答えのない〈謎〉のままぼんやりと残されただけである。

その一方で、一九五〇年代の末頃から、アメリカのテレビ・ドラマが人気となり、テレビ受像機の普及とともにわたしたちの心性に影響力を持つようになった。小学生の頃には「スーパーマン」や「ローハイド」や「ララミー牧場」が人気で、中学校では「ベン・ケーシー」「コンバット」「逃亡者」などが人気を呼んでいた。このほかに「うちのママは世界一」「わんぱくデニス」「ドビーの青春」「パパ大好き」など、同時代のアメリカの家庭や、子供や、学生や、父子関係のありようを通して、アメリカ人の生活感覚や、町の様子、近代的な住宅の内部などをあれこれ知ることができ、素朴な親しみの感情も持ったのである。

こういう状況なので、東京オリンピックは、テレビ画面を通してだが、アメリカだけではない、多種多様な「外国」人が活躍するのを見る機会となった。テレビ画面は、同じ場所で、同じ瞬間に、多種多様な国々の選手が混じり合い、競技しあう、現在進行形の空間を映し出した。東京オリンピックは、日の丸や君が代など、日本と日本人なるものを介して語られることが多いが、同時に、国際的な「世界」という広がりによって、アメリカとアメリカ人なるものを相対化する部分を持っていた。たしかにアメリカの力は圧倒的なのだが、東京オリンピックは、アメリカとアメリカ人の記憶や印象を相対化する「世界」という時空の存在を眼前に提示した。多くの友だちと同じように、わたしも、チェコスロバキアのベラ・チャスラフスカ、ソ連のタマラ・プレス、オランダのアントン・ヘーシンク、エチオピアのアベベ・ビキラ……等々、アメリカ人ではないヒロイン、ヒーローの姿を見つめていたのである。

「模像」の再帰なのか?

東京オリンピックは、わたしにとって、(1) 国際的な「世界」にかかわる、(2)「国民」的なレベルの経験のうち、二番目のものであると言った。というのも、オリンピックの二年前、一九六二年十月二十四日の前後にキューバ危機をテレビを介して経験したからである。二〇〇一年九月十一日の米国同時多発テロが一次的には映像経験だったように、キューバ危機も一次的には映像的な経験だった。このときわたしは、自分の住む小さな場所が「世界」という漠然とした広がりのなかにあることを知り、「世界」の現在がはらむ未知の奥行きを、遠眼鏡で覗いたような、なにか覚束ない感じを経験していた。米軍による海上封鎖に伴い、自衛隊の空幕長は「全国二十四か所のレーダーサイトと五か所の迎撃戦闘機戦隊」に「警戒体制を厳にせよ」との指示を発したという。わたしはテレビ画面で「自衛隊」の基地に配備された戦闘機が映し出されるのをじっと見ていた。そして「世界」の空は、その「世界」を何度も滅ぼすに足るＩＣＢＭの射程に覆われているという、抽象なしには理解しがたい事実を想像してみたのである。

だが、それから半世紀を隔て、二〇二〇年オリンピックの三年前になるいま、北朝鮮によるＩＣＢＭの発射を告げる「Ｊアラート」が鳴っている。そして「自衛隊」のミサイル迎撃システムＰＡＣ３の配備や海上を行くイージス艦がテレビに映し出されている。国際情勢を見れば、かつてのカリブ海のキューバのように、極東の朝鮮半島になお「冷戦構造」の断片が旧式の時限発火装置のように温存されていたのである。他方、国内を見れば、高度成長期の模造品のような、都市再生政策の延長線上に、アベノミクス（の名のもとでの日銀の異次元金融緩和）が出現し、景気の「拡大基調」が続いている。こうして見ると、二〇二〇年のオリンピックは、半世紀前にわたしたちが子供の頃に経験した歴史の〈模像〉のような経験を伴って、現在の子供たちの眼前に近づいているかのようである。

もちろん、冷静に見れば、グローバルなレベルでは、かつての冷戦時代は終わり、市場経済による国際的な相互依存の深まりは国家的な利害を多形化させ、分散させ、多国間の流動的で横断的な結びつきを簇生させている。だが、米ソの直接的な均衡対峙と、米朝という不均衡な力の対峙とでは、問題の次元が異なっているとはいえ、前者では起こらなかったことが後者では起こる可能性も言及されている。ドメスティックな局面を見ても、景気拡大の実態は、株式市場や資産価格の高騰とは裏腹に、社会経済的な格差、財政赤字の拡大、将来不安などをもたらしており、経済の潜在成長率の増大や人口の増大を伴うものではない。超高齢化社会の日本は、高度成長の時代とは明らかに異なる状況を呈している。

オリンピックをめぐる心構えについても、話題に上ったのは、日本の文化や「おもてなし」というホスピタリティの形式を外国人に浅く紹介するだけで、オリンピックを開催することの内的な必然性や国民にとっての精神史的な意義はほとんど見えてこない。一九六四年のオリンピックの前にも、外国人を迎えるにあたっての心構えの点検、首都の美化運動、衛生意識の向上、英会話ブーム、民泊から外国人向け観光ルートの指定に及ぶ観光ブームなどが見られた。だが当時は、それだけでなく、戦後二十年に近づく日本と日本人のありようにかんする精神史的な問いかけがあった。このように見ていくと、二〇二〇年オリンピックは、一九六四年の〈模像〉のように見えながら、いまのところ、六四年の「国民」的な試みが持っていたような実質を欠いており、むしろその空虚さのうちに現在の「国民」の実質があるかのようである。

問いの近傍へ

オリンピックは、経済的な事象としては、景気の維持や拡大のための補助装置と見なされ、赤字や浪費の部分があっても、しばしば、その経済的な波及効果によって正当化される。二〇二〇年オリンピックの場合、開催経費だけでも一兆六千〜一兆八千億円と大きな額が予定されている。また、オリンピックの関連事業として各種のインフラ整備や民間の都市開発などが活性化している。だが、日本経済の全般的な状況を見れば、低インフレと微温的な景気拡大の局面が続いており、オリンピックもこの微温的な局面と癒合している。二〇二〇年オリンピックでは、その経済的機能の限界的な凡庸さと、日本の文化紹介の安易さとが、うまく釣り合っているだけのように見えるのである。

それゆえこのオリンピックが独自の主要な意義を見いだすとすれば、それが四年に一度の希少価値をもったスポーツのメガイベントであるという、祝祭の形式それ自体に準拠することによってだろう。ただし、この形式自体は、日本人や日本にとって、その精神史的な意義や理念の次元に深く絡んでいるわけではない。この点で重要と思われるのは、二〇一九年五月に新しい天皇の即位が予定されており、新天皇によるオリンピックの開会宣言が行われる可能性が高いことだろう。この場合、オリンピックは一九六四年のように「象徴天皇制」のイメージの更新を記念する儀式の一つとなり、それは遠い〈過去〉の再来のようにも見えるだろう。

だが、ここで留意すべきことがある。すなわち、この社会のうちには「国民」という理念的な実在には等置しがたい、熱狂から無関心にいたるまで、さまざまな集合現象となって現れる、人々の欲望や感情の流れが渦巻いていることである。二〇二〇年のオリンピックは、これらの欲望や感情の流れが、四年に一度の稀少価値をもつ、大規模な祝祭の時間を〈共有〉しうるチャンスとなるだろう。そして新しいオリンピックが個性的な意義をもつとすれば、それは「国民」という象徴的な概念では掬い取れない、大規模な集合性の次元を流動している欲望や感情の渦を、そしてその複雑性を受容することによってだろう。

一九六四年には、オリンピックを介して、戦後という歴史の現在において「国民」であることや、現在の平和／過去の戦争という視軸で、日本人のありようが意識され、問題化されていた。だがいまや、多様な身体感覚の次元で〈快適性〉を求める欲望や感情の内部に閉じこもっていく人々からすると、「国民」も、東京さえも、空虚な準拠点にしかならないだろう。これらの欲望や感情の渦は分散したまま、精神史的な方向感から見れば恣意的な次元を、ゆるやかに流動しているからである。個々人がともに一つの「現在」を共有したとしても、共有する主体の次元に〈統合〉の意識を伴っているとは限らない。また今のところ、リスクは曖昧に飼い慣らされ、「適温」状態のもとでの〈無関心〉による無数の隔壁は、「国民」的な同一性の在り処を焦点化するような状況を後景に押しのけている。

2　一九六四年の幻視と現実

テレビによる動員と視聴率の向こう側

多くの国民にとって、東京オリンピックの約二週間はテレビ画面のなかではじまった。各会場の入場券は総計二百五万枚（うち海外割り当て分は二十三万五千枚）が予定されていた。一九七〇年の大阪万博の場合は、二十六週間に及ぶ開催期間の長さなどもあり、延べ人数で約六千四百万人が現地へ見物に出かけた。東京オリンピックでは大多数の「国民」が、同じ出来事を、同じ時間に、テレビやラジオの電波を通して経験したが、大阪万博では「国民」のかなりの部分が、同じ事物を、異なる時間に、会場を歩く身体を通して体験したのである。この意味で、東京オリンピックは大阪万博とは別のタイプの動員形態によるイベントだったといえる。

オリンピックでは、大多数の「国民」がそれぞれ〈異なる場所〉に分散したまま、テレビの映像や声や音を介して間接的に統合された。万博では、「国民」のかなりの部分が〈同一の場所〉に集まりながらも、時間の隔壁によって互いに見知らぬ分散状態のなかにいた。東京オリンピックでは、無数の空間に分散しながらも、共時的な〈統合〉がメディアのなかの幻像として実現していた。他方、大阪万博では、特別な空間を共有しながらも、通時的な〈分散〉の諸相が身体の直接性を介して実在していた。

おそらく東京オリンピックでは、テレビ・メディアの代補によって「国民」という幻像が――民族や人種の歴史につながる「身体」への想像力と重なりながら――より尖鋭なかたちで揺らめき、意識され、問題化されやすかったのではないだろうか。

一九六四年十月一日開通の新幹線だと四時間で東京に行けるとはいえ、大阪市の中学生からすると、オリンピックはやはり時間の「壁」の向こうにあり、クラスや塾でも友だちはテレビ観戦となった。地域によっては、学校側がオリンピックのテレビ視聴を生徒に求めるところもあった。文部省は「行きすぎ」との見解を示したが、六四年九月五日に、富山県や石川県の教育委員会は「五輪休校」を決めている。富山県ではオリンピック期間中、十四の県立高校と中学校のほとんどが「四日間から二日間臨時休校して、家庭でのテレビ見物をさせる」とし、石川県でも「学校での見学を原則」に三日間の臨時休校を決めている。

こういう教育的な指導のかたちも含めて、オリンピックの「開会式」のテレビ放送は、大多数の「国民」が見たことになる。経済企画庁の「消費者動向予測調査」や農林省の「農家生計費統計」を参考にすると、テレビの普及率は、一九六四年二月では都市世帯（勤労者）で九二・九%、農家世帯（近郊農村）で八一・七%であり、六五年二月には都市で九五・七%、近郊農村で九四・一%となり、それぞれ飽和状態に近づいている。なお少数ではあるが、農山村や山村の世帯では、近郊農村に比べると普及率は約一割ほど落ちる。ただし総じて見れば、オリンピックの頃にはテレビ受像機が消費財としては「必需品」となり、またほとんど全「国民」的なメディアになっていたと考えていいだろう。

ＮＨＫ放送文化研究所では、オリンピック開催中の七日間、十歳から六十九歳までの男女を対象に、全国三百地点で一日当たり千八百人の個人面接調査を行っているが、これによると、オリンピックをテレビで見た人は九七・三％、ラジオで聴いた人は三六・六％だった。ＮＨＫ・民放を問わず、テレビで「開会式」の実況中継を見た人は八四・七％、「閉会式」の実況中継を見た人は八三・〇％だったという。

テレビの視聴率一位は日本チームが〈回転レシーブ〉を決め手に「ソ連」を倒した女子バレーボールの決勝戦で、八五％に達した。これには、力道山が〈空手チョップ〉を決め技にして「米国」のレスラーを倒したプロレス中継への熱狂と似た〈戦後〉的な意識も感じないではない。

女子バレーボール・チームを優勝させた大松博文監督の『おれについてこい！』（講談社、一九六三年）などによると、「やればできる」という彼の信念は、一九四四年にインパール攻略戦に動員され、まさに「死の彷徨」を生き抜くなかで見いだしたものという。大松監督は一般的な「戦争体験」ではなく、彼の奇蹟的な生還を支えた「信念」の射程を選手たちに教え込むとともに、さまざまな配慮のもと凄絶無比な練習を課し、ともに金メダルへの道を勝ち抜いた。彼の本を読むと、人は女子バレーボールのゲームに何を見ていたのだろうか、と複雑な思いになる。五輪映画の監督・市川崑が描こうと思った「平和と美」の裏面には、メビウスの環のように、凄絶な「戦争」がそのまま地続きに張り付いているからである。ここにもテレビ画面のなかの姿像と、幻視するしかない体験との、言葉にならない重ね合わせがある。

「天皇」の声を聴く

テレビで「国民」の多くが見たり聴いたりした、最も重要なイベントの一つは「開会式」だろう。開会宣言をしたのは昭和天皇である。国立競技場を埋め尽くした大観衆のなか、天皇はオリンピックの開会を宣言した。戦後、昭和天皇は地方への行幸の際、大衆の前に現れ、帽子や手を振る姿を「写真」で報道されている。戦後の国体でNHKテレビによる最初の「実況中継」は、一九五五年十月三十日の、横浜での第十回秋季大会の開会式であり、このとき四万人近い観衆の前で、天皇は、東龍太郎体協会長、松村謙三文相の挨拶に続いて「おことば」を述べている。NHKのテレビ本放送開始の一年後であり、受像機の普及率もごく僅かだったので、これを「国民」的な経験と言うことはできない。共同のテレビ視聴の場があるとしても、NHKのテレビの受信「契約数」は五五年で五万三千人、五六年で十六万六千人であり、世帯当たりの普及率はそれぞれ〇・三%、〇・九%というレベルにとどまるからである（『昭和四十年度国民生活白書』付属統計表）。

「国民」的な規模と高度に象徴的な儀礼の形式をもち、またその声と姿を伴って、天皇が視聴者の前に映現したのは一九六四年のオリンピック開会式においてである。天皇による開会宣言はほとんど瞬間的な出来事だったが、テレビ視聴者の八五%近くが、「現在進行形」で、ないしはその日の再放送で、その姿と声に接したのである。まず国際オリンピック委員会（IOC）の会長が天皇を《His Majesty the Emperor》という敬称に相当する「天皇陛下」という日本語で呼び、開会宣言を求めた。IOCの規約は開会宣言を行う主体を《the Sovereign or Chief of State》と規定していたので、このとき天皇は、国内的には日本国とその国民統合の「象徴」として、国際的にはおそらく日本の「元首」として開会宣言をしたことになる。

わたしはこの宣言の瞬間のふしぎな印象をいまも覚えている。天皇という存在をはじめて〈はるか遠くに、だがどこか間近に〉見たという感じがしたからである。翌週には、クラスの誰かがこの開会宣言を上手に真似るのを見たりしたが、天皇はなにか言語に表しがたい、ふしぎな存在のように思えた。天皇はとても人間的に見えたが、同時に、天皇が存在する場所は際立って特別な空間のように思えた。このとき東京都知事の東龍太郎のことも、IOCの会長の言葉も覚えていない。わずか三十秒にも充たない、天皇の言葉が語られた瞬間だけを覚えている。

わたしは一九四五年八月に終戦を告げた天皇の「玉音放送」を知らない世代なので、その経験が何だったのかは分からない。だが、オリンピックの開会式では、玉音放送時の「現御神《あきつみかみ》」ではなく、日本国とその国民統合の「象徴」(the symbol)である天皇の姿と声を、その映現と同時進行のかたちで、しかも大多数の「国民」とともに視聴するという抽象的な奥行きをもった経験をした。「象徴」という概念が何を意味しているのか、よく分からなかったが、その具体的な現前を、正確にはその表象を見たことになる。しかし実際には、なにか〈ふしぎな存在〉の次元を知ったという感じだった。そのふしぎな印象は記憶のなかで徐々に擦《かす》れていくが、今でもそのときの現在性を失っていない。当時は東京都杉並区の中学三年生だった友人に尋ねると、やはり、天皇の声を聴き、それが印象に残っているという。

開会式の感慨——東京の中学三年生の記事から

開会式は整然とした儀式であった。同日夕刊の『朝日新聞』は一面抜きで「東京オリンピック開く」という大見出しを立て、「九十四か国が堂々入場」「天皇陛下　開会を宣言」と書いている。『読売新聞』も一面抜きで「東京オリンピック開く」と同じ見出しで、「世界の心一つに」「日本晴れ、九十四か国参加」と書いている。両紙いずれも日本選手団の入場行進の様子を大きな写真にして載せている。『朝日新聞』では三人の記者がそれぞれ開会式を見た感想を述べており、（１）各国の個性が息づく美しい行進を見ながら、世界が東京に結集したことへの感慨、（２）世界の諸々の対立のなかで実現した東京での平和に対する感慨、（３）自由で熱っぽかったローマ大会に比べ、東京大会での日本人の観客の公平で冷静な歓迎ぶりやその行儀のよさに対する戸惑いや自問……などが語られていた。

『読売新聞』十月十四日の朝刊には、東京都千代田区の中学三年生が開会式を見て書いた文章が載っている。彼は当時のわたしと同学年だが、右の三人の記者とおよそ同じことを述べている。

金色に輝く武道館の屋根を、毎日横目でながめながら勉強していたぼくは、東京オリンピックの始まる日を、まだかまだかと心をはずませて待ちこがれていたものでした。その開会式をこの目で見た時、「ああ、これこそ世界の人々が本当に一つになって技を競い合う、人類最大の祭典だ！」と強く感じました。

各国選手団の入場行進、それは緑や茶色のあの広いグラウンドに、一つの大きな世界を造る希望に満ちた力のような気がしました。選手団の入場が終わった時、赤や緑・黒・黄・青……の各国ユニフォームの色彩から、調和のとれた花の楽園……人類愛のこもった真の世界が私の心にくっきり浮かび上がりました。ただ意外だと思ったことは、整列しているべきはずの選手達が、だいぶ自由な行動をとっていたことでした。

ともかく大きな国も小さな国も、また政治や人種、風俗習慣が違った国も、みんな一体となったオリンピックの世界。そんな世界にまきこまれてしまい、開会式が終わってからもまだその感動がぼくの胸に残って消えそうもありませんでした。

この感想とは異なり、わたしにはオリンピックが近づくのを直接実感したりすることも、また事前に強い期待を抱いたりすることもなかった。ただ、テレビ放送を見ているうちに、「世界」とか「人類」といった抽象的な観念を少し身近に感じるようにはなった。そしてわたしがオリンピックのことを考えながら、「世界は一つ」かもしれないと感じたのは、開会式でも、競技でもなかった。その二週間が終わることを告げる「閉会式」を見たときである。

わたしの「世界は一つ」という淡い観念は、いま終わりを告げるオリンピックとともに、それが「すぐ消えていく」夢のように思える感覚と溶けあっていた。それはオリンピックの途中に、街頭で配られたソ連での政変を伝える号外を見たり、中国の最初の核実験の記事を読んだりしたからではない。閉会式が終わるころ、テレビの画面は、いつのまにか国立競技場に秋の日の闇がおりていくのを映し出しており、いまそこで「世界は一つ」のように見えたかと思うと、その「世界」はやがて夕闇に染まりながら消えていく、ふしぎな「幻像」のように見えたからである。

オリンピズム――信仰と平和の詩学

東京の中学生の感想のうち、わたしもそう思ったのは、開会式で外国人選手たちが「意外」にも「整列」せず、「自由な行動をとっている」ように見えたことである。学校の体育の練習では「整列」からはじまり、「気を付け！」や「回れ右！」の号令があり、点呼があり、隊列を組んだ行進が機械的な正確さで動くことを求める〈規律中心〉の訓練に慣れていたからである。日本人の集団の機械的な正確さは、選手団だけでなく、会場運営の仕方にも現れていた。開会式の日の『朝日新聞』夕刊によると、ローマ大会で選手村の村長を務めたＧ・ファブレは、東京大会の開会式の「正確無比」でスムーズな進行に感嘆の声をあげていたという。

トルステン・テグネルはスウェーデンのスポーツ紙の編集長で、一九〇八年の第四回ロンドン大会以来――第一次、第二次大戦の頃に中止された三回の大会を除き――第十八回東京大会まで、オリンピックの開会式をずっと見てきたという。『朝日新聞』の同日夕刊によると、彼は東京での開会式の感想を問われ、次のように語っている。

ただ、あまりにも完全で欠点がないのが欠点ともいえる。スケジュール通りキチンと行われたのを見て、戦雲たれこめた一九三六年のベルリン大会の開会式を思いおこした。しかし、あのころの冷たさや暗さはない。東から西から、南から北から、アジア初のオリンピックに参加した選手たちのどの顔にも明るさがいっぱい。観衆も暖かい拍手をどのチームにもおくり、実にさわやかな感じがした。

このジャーナリストの心には、日本人の「正確無比」さから何か危惧の色をした記憶がよぎったのかもしれない。だがそのあと、彼は〈過去〉の微かな幻視から、いま眼前にある会場に立ち戻る。

とくに古顔の国々に混じって約二十カ国の新顔チームが堂々と行進する姿は、国際間の相互理解を願う老哲学者としての私に真の幸福観を味わわせてくれた。オリンピックの開会式は、「世界はひとつ」という信仰を抱くほとんど全人類の祭典である。参加できなかったインドネシアや北朝鮮なども参加したらなお一層よかったのにと思う。

トルステン・テグネルは、オリンピックの開会式は「世界は一つ」という〈信仰〉にもとづく祭典であり、人類のほとんどがこの〈信仰〉を抱いていると考えている。つまり、オリンピックを〈信仰〉ないし一種の市民宗教と考える発想を披歴している。だが、この考え方はテグネル氏だけのものではない。一九六四年大会の直前に東京で行われたIOCの総会挨拶で、アベリー・ブランデージ会長もオリンピックを一つの特別な「宗教」に喩《たと》える演説をしている。『読売新聞』の十月六日夕刊にそのときの言葉が載っている。

なぜ、オリンピックはこのような重要な位置を得たのかといえば、これが単なるスポーツの祭典である以上のものであるからです。第一級の社交場であり、選手村は、全大陸から選ばれた競技者たちが集まり、人種、宗教、政治をいっさい無視して友好的な競争をのぞんで団結しています。フェアプレーとスポーツマンシップという共通の戒律を守って集まっているのです。人類の長い歴史で、このようなことは例をみません。……（略）……大会の真の目標は、メダルの数や記録ではなく、アマチュア規則の高い原理によって育てられた健康的な若者たちの成長にあるのです。

オリンピック運動は二十世紀の宗教です。ＩＯＣはその使徒であります。歴史のどこを捜してもこのように広くすみやかに広がった体系の例はみつかりません。クーベルタン男爵は、世界を照らすタイマツに火をともしたのです。（傍点は引用者）

開催者からすると、オリンピックには「世界は一つ」という〈信仰〉が賭けられている。東京の中学生の感想は、その意味で、オリンピック・ムーブメントの理念ないし〈信仰〉が秋晴れの「開会式」の会場に具現しているのを見たことになる。大阪の中学生であるわたしが「閉会式」の夕闇に消えていくシーンに見たのは、「世界は一つ」という抽象をはらんだ、いわば寓喩的な出来事だった。開・閉会式のような儀礼的イベントには、演出はもちろん、演出を超えた集団の意志もはたらくだろう。だがそれらとは別に、当時のわたしの目には、「世界は一つ」という抽象は、それが

「消えていく」幻像の次元に溶けあってはじめて、そう見える何ものかだった。

これに対し、「開会式」の会場には、電子音楽、原色性の強い色彩、百に近い国旗と人種と服装、行進する身体の動き、そして一人の聖火ランナー、八千羽の放鳩、秋の大空に五輪を描く飛行機……天皇や首相以下が臨席する厳粛な儀式……それらの諸々《もろもろ》がオリンピズムの理念と抽象的に重なったり、あるいは現実として遊離したりしながら、実在していた。そして会場の外には、インドネシアや北朝鮮の不参加、南アフリカ共和国の参加禁止という事態も実在していた。それゆえ「世界は一つ」とは、この二つの実在が別個のものではなく、否応なくつながっているという意味でもそうであった。キューバ危機の二年後、「世界は一つ」であるという、理想主義的な〈信仰〉に見えると同時に、じつは抜き差しならない〈現実〉でもある事態を、寓喩的に確認する、盛大な儀式が東京で行われていたことになる。

3　日本人の幻像

精神史上の出来事？

オリンピズムがめざす、国家・宗教・人種などの差異を超えて「世界は一つ」であるという言説は理想主義的な方向で可視化され、ＩＯＣ会長の感想が示すように、それは成功したのだろう。だが他方で、「世界は一つ」の言説に寄り添いながら、東京大会の開催をめざした「日本人」の意識の底流には独自の感慨や興奮が渦巻いていたことを忘れてはならない。東京オリンピックは、国際的なオリンピズムの理念や課題を受容しながらも、いまある「日本人」の同一性のかたちを確認する出来事でもあったからだ。東京株式市場では「日の丸一本、ダウ十円」と期待されたように、オリンピックは国威発揚と経済活性化の問題だった。だが、オリンピックをやり遂げようとした人たちから、高度成長の時代の外縁でこの祭典の挙行を傍観するしかなかった人たちまで――「日本人」の歩んできた道筋との関連でオリンピックの意義を理解しようとするなら、問題の焦点は株式市場の思惑を超えた次元に求めねばならない。

一九六四年の東京オリンピックには、サンフランシスコ平和条約による戦争状態の終結まで七年の歳月を要し、その後、経済の急速な発展に支えられ、ようやく辿り着いたのだという、独特な感慨と興奮が伴っている。そのとき戦時・戦後の時代を生きのびた大人たちの世代は、「世界は一つ」というオリンピズムの〈信仰〉と国際関係の〈現実〉を透かして、「日本人」の過去からの連続性や、日本人が現在享受している「平和」の意味や、自信と不安が交錯する日本の「未来」に対し、何かしら思いを馳せたように思える。そこで興味深いのは、三島由紀夫が開会式を見て語った言葉である。三島は開会式の翌日『毎日新聞』に載せた「東洋と西洋を結ぶ火」で次のように述べている。

　オリンピック反対論者の主張にも理はあるが、今日の快晴の開会式を見て、私の感じた率直なところは「やっぱりこれをやってよかった。これをやらなかったら日本人は病気になる」とい

> うことだった。思いつめ、はりつめて、長年これを一つのシコリにして心にかかえ、ついに赤心は天をも動かし、昨日までの雨天にかわる絶好の秋日和に開会式がひらかれる。これでようやく日本人の胸のうちから、オリンピックという長年鬱積《うっせき》していた観念が、みごとに解放された。式の終りに、大スタジアムの空を埋める八千羽の放鳩《ほうきゅう》を見、その翼のきらめき、その飛翔のふくらみを目にしたとき、私は日本人の胸からこうしてオリンピックという固定観念が、解き放たれ、飛び去り、何ものかから癒やされたという感じがした。（傍点は引用者）

三島由紀夫によれば、オリンピックの開催は、日本人の心にずっと「一つのシコリ」、「長年鬱積していた観念」、あるいは「固定観念」となって抱え込まれてきた。そしていまオリンピックが現実のものとなり、こうした心のシコリや鬱積や固定観念はようやく解き放たれたという。三島はオリンピック反対論にも理があるとしながらも、「これはやってよかった」というのである。だがそうだとしても、一九六四年のオリンピックは、「日本人」の精神にとってなぜ象徴的な願望の解放という意味を持ったと言えるのだろうか。

オリンピックの開催は多くの関係者の悲願であり続けたが、その悲願が解消されたというだけでは、その意味は特定の関係者が享受する範囲に収まり、日本人の象徴的な願望とは異なる水準の挿話となるだろう。おそらく重要なのは、その悲願を実現するために、それが開催都市の希望となり、国家的な課題になるまで象徴化されたことである。この象徴化を十分果たすには、国民の側の願望を必要とする。国民の側に、戦争の時代、復興の時代を経て、高度成長の時代を生きる、平和な社会の自己像に関して何かを確認してみたいという感情がなければ、オリンピックの開催は利害関係者のゲームの次元にとどまり、象徴的な水準の出来事にはなりえないだろう。またそれをしたところで「何ものかから癒やされた」という――個別の利害によっては特定できない――感慨を引き出せないだろう。

オリンピックは、世界の若者を集めたスポーツの「祭典」であるといわれる。当時の金額で一兆八百億円という膨大な予算を使い、およそ二兆円の「経済」的波及効果があるともいわれた。あるいはオリンピックに絡めて「道徳」的な美化や浄化の国民運動が盛り上がりを見せたともいう。しかし、こうした〈祝祭―経済―道徳〉という現実の諸相を超えて、一九六四年のオリンピックが日本人の精神史をよぎったときの、その幻像のような意味を考えてみる必要がある。三島由紀夫はそれについて踏み込んだ答えを示さず、日本人が「何ものかから癒やされた」と言うにとどめている。だがその言葉は、オリンピックの招致から開催へという出来事の流れを通して、当時の日本人の精神に歴史的に負荷されていたものがどう揺らめいたのかを、改めて考察するように促している。

二重化する幻像――平和への問い

いま述べた考察の出発点になる言葉として、わたしには、杉本苑子の「あすへの祈念」という共同通信による記事が印象に残っている。一九六四年十月十日、彼女は「明澄なこの日の空」の下、色彩の饗宴と呼んでいい開会式の美しさと鮮やかさを目のあたりにし、次のように述べている。

二十年前のやはり十月、同じ競技場に私はいた。女子学生のひとりであった。出征してゆく学徒兵たちを秋雨のグラウンドに立って見送ったのである。場内のもようはまったく変わったが、トラックの大きさは変わらない。位置も二十年前と同じだという。オリンピック開会式の進行とダブって、出陣学徒壮行会の日の記憶が、いやおうなくよみがえってくるのを、私は押えることができなかった。

天皇、皇后がご臨席になったロイヤルボックスのあたりには、東条英機首相が立って、敵米英を撃滅せよと、学徒兵たちを激励した。文部大臣の訓示もあった。慶応大学医学部の学生が、送る側の代表として壮行の辞を述べ、東大文学部の学生が出征する側を代表して答辞を朗読した。

音楽は、あの日もあった。…（略）…しかし、色彩はまったく無かった。学徒兵たちは制服、制帽に着剣し、ゲートルを巻き銃をかついでいるきりだったし、グラウンドもカーキ色と黒のふた色――。暗鬱《あんうつ》な雨空がその上をおおい、足もとは一面のぬかるみであった。私たちは泣きながら征《ゆ》く人々の行進に添って走った。髪もからだもぬれていたが、寒さは感じなかった。おさない、純な感動に燃えきっていたのである。

杉本苑子は何ともやるせない感慨を東京大会の開会式に投影しているが、その思いは日本人の運命の寓喩となった〈過去〉の事実に根ざしている。一九六四年東京大会の開会式が行われた明治神宮外苑の競技場は――アジア大会に備えた改築や、オリンピックのための改築を経ていたが――その二十一年前になる、四三年十月二十一日朝、文部省主催の「出陣学徒壮行大会」が開催された場所だったからである。同日夕刊の『朝日新聞』はこの大会を「壮行の祭典」と呼び、「世紀の感激をもって挙行された」という。この日、競技場に集結した出陣学徒は「東京帝大以下都下、神奈川、千葉、埼玉県下七十七校○○名」（人数は伏される）、みな「執銃、帯剣、巻脚絆」の武装姿であり、女学生を含む「送る学徒百七校六万五千名」が観覧席を占めたと記されている。

このときすでに戦争は敗色のうちにあり、生活にも戦争にも十分な物資を欠いていた。右の記事では学徒がみな「執銃」していたというが、ある女学生はのちに、東大の学生などは「本物の銃」を持っていたが、後ろのほうの学校は「木の銃」だったと証言している。『読売報知』の同日夕刊によると、競技場の「正面貴賓席」に姿を見せた東条英機首相は、演壇に立つと、次の言葉を含む訓示を述べた。

素《もと》より敵米英においても、諸君と同じく、幾多《いくた》の若き学徒が戦場に立つてゐる、諸君は彼等と戦場に相対《あいたい》し気魄《きはく》においても戦闘力においても必ずや彼等を圧倒すべきことを私は信じて疑はない、申す迄《まで》もなく諸君のその燃え上る魂、その若き肉体、その清新なる血潮すべてこれ御国の大御宝《おおみたから》なのである、この一切を大君の御為《おんため》に捧《ささ》げ奉《たてまつ》るは、皇国に生を享《う》けたる諸君の進むべきたゞ一つの途《みち》である、諸君が悠久の大義に生きる唯一の道なのである、諸君の首途《かどで》の尊厳なる所以《ゆえん》は実にこゝに存する、この壮行大会から二十一年後の十月十日、杉本苑子のまなざしは、神宮外苑の国立競技場にまったく異なる〈時空〉が出現し、その過去にあった〈時空〉と、ある種の等価性の次元で交錯しあうのを、なにか幻のように見ていたのである。彼女は次のように述べている。

> オリンピック開会式の興奮に埋まりながら、二十年という歳月が果たした役割りの重さ、ふしぎさを私は考えた。同じ若人の祭典、同じ君が代、同じ日の丸でいながら、何という意味の違いであろうか。
>
> きょうのオリンピックはあの日につながり、あの日もきょうにつながっている。私にはそれが恐ろしい。祝福にみち、光と色彩に飾られたきょうが、いかなる明日につながるか、予想はだれにもつかないのである。私たちにあるのは、きょうをきょうの美しさのまま、なんとしてもあすへつなげなければならないとする祈りだけだ。（傍点は引用者）

杉本によれば、もう戦争のことなど忘れたいという気持ち、あるいは過ぎ去った悪夢にいつまでもしがみつくのは愚かしいという気持ちが誰にもあるのだが、そのくせ、誰もがじつは不安なのだという。彼女からすると「平和の恒久を信じきれない思い」は誰の胸底にもひそんでおり、東京オリンピックはじつはその「不安の反動」としていま史上最大の華やかさを誇っているのではないか、との疑問がよぎるのである。

過去を遠ざける／過去を幻視する

三島由紀夫はオリンピックを「やってよかった」といい、それによって日本人が「何ものかから癒やされた」と考える。もしそれが戦争の時代を〈過去〉にする儀式であったとするなら、その儀式は明治神宮の外苑にある、かつてと同じ場所に別の歴史を生みだし、別の記憶を上書きするという象徴的な操作によって、この国の時空全体に染みついた〈過去〉を祓い去る儀式だったことになる。ある社会学者によれば、アメリカ・インディアンのホピ族が行う「雨乞いの儀式」には、集団の同一性を支える心情に集合的な表現を与え、〈現在〉の集団の連帯を高める機能があるという。だが日本人の場合、「東京オリンピック」という平和の幻像で溢れた儀式は、戦後日本の時空になお骨絡みで取り憑いていた〈過去〉を祓い清め、その〈過去〉を遠ざける象徴的な機能を持っていたのではないだろうか。

この点、興味深いのは松本清張という人物の仕事だろう。高度成長の時代の始まりと軌を一にし、松本は「張込み」（一九五五年）によってミステリーのデビューを果たす。その後、松本の「ゼロの焦点」「砂の器」、水上勉の「飢餓海峡」、西村京太郎の「天使の傷痕」など、高度成長の時代の代表的なミステリー作品が固定観念のように描き出したのは、人間の〈過去〉が悪しき亡霊のように現前し、現在の成功と平和を「呪う」情景である。〈過去〉と現在が交錯して起こる惨劇のあと、刑事たちは、事件の解明を通して〈過去〉を字義通りの過去へ連れ戻し、現在を浄化するのである。

こうして見ると、高度成長の時代の人々が心惹かれたミステリーの言説は、杉本苑子がややロマンティックな文体で提示した、東京オリンピックにかんする精神史的な言説とほぼ同型的な構造を持っていたことがわかる。杉本によれば、東京オリンピックの開催は、日本人の〈過去〉をまさに過去として遠ざけようとする「不安」の意識と相関しており、成長の時代のミステリーと同型の心情に集合的な表現を与えたものと考えられるからである。

国立競技場での開会式で、杉本苑子が経験した二十年の時を超える〈幻視〉によれば、忌まわしい〈過去〉は現在と入れ替え可能な現実としていつ現前するかわからない。だが、オリンピックを「やってよかった」と賛美するだけの意識は、この不気味な入れ替わりの可能性を忘れさせてしまう。杉本からすれば、忌まわしい〈過去〉の再現を食い止めるには、「不安」をその源泉から乗り超える精神が、現在の時空に「たくましく根をおろしてくれる」ことを願うしかないのである。

高度成長期とは人の生き方や国土とその風景が劇的に変わっていく時代であり、この時代のミステリーは、人間の、そしてある時代の〈過去〉を問う。〈過去〉の忌まわしい出来事が、現在の成功や平和と〈交換可能〉なものとして現れるとき、悲劇が起こる。これを食い止めるには、〈過去〉をその過去に差し戻し、かつて〈過去〉をそのような過去に陥れた現実の諸条件を相対化するしかない。〈過去〉を遠ざけたいと思う不安に身を任すのではなく、癒しがたい〈過去〉を、現在とその未来のうちに引き受けることである。それは現在の表層を浄化する平和への信仰に胸を撫で下ろすのではなく、過去の現実を正確に見届けることを必要とする。「平和と美」の回廊を多少とも欺瞞なく通り抜けるには、不安に駆られて、〈過去〉を遠ざけるオリンピックの象徴的な機能に溺れてはならない。三島由紀夫が「何ものかから癒やされた」という癒しも、杉本苑子の言葉を借りれば、「恐ろしい」と思うべき癒しなのである。

おわりに

「高度成長の時代」は明るいというが、その現在には、二つの位相差のある暗い〈過去〉――戦争の時代、そして戦後復興の時代――が憑きまとっている。杉本苑子のうちによみがえる女学生の眸は、オリンピックが象徴する現在を透かして、「戦争の時代」という死の色に染まった集団的な〈過去〉を幻視していた。他方、松本清張の皮肉な行商人のような視線は、オリンピックやスポーツが象徴する華やかな現在を透かして、占領下の「復興の時代」を生きた個々人の孤独な〈過去〉を幻視していたのである……。

しかしながら、なお注意すべきは、これらの幻視がほとんど触れていない、オリンピックに代表として参加した日本人たちの、孤独で、苛烈な競技の現実である。この現実には、国家と呼ばれる抽象的な他者の期待だけでなく、自己とも他者とも判別のつきにくい所属集団の願望が深く投影されている。それゆえ、マラソンや、柔道、女子バレーボールのように、一九六四年のオリンピックで最も多く人々の関心を集め、高度な象徴性をもつ出来事となった競技の現実において、選手と観衆は何をどう幻視していたのかを、次に問いなおす必要があるだろう。

第7章 「2020」から「1964」へ——東京オリンピックをめぐる〈希望〉の現在

阿部 潔

はじめに

二〇二〇年の開催まで二年半を切った現在、「東京オリンピック」に関する取り組みがさまざまなところでなされている。そこに見て取れる一つの特徴として、一九六四年に開催された前回の東京大会を称賛する傾向が指摘できる。高度経済成長ただなかの六四年におこなわれた東京オリンピックは、過去の栄光を語るうえで「神話」と化している感さえある。戦後の一時点としての「1964」は、史実である以上に、いまの時点から振り返られたある特徴をもった「過去のイメージ」として人々を引き付けているように思われる。

「２０２０」を間近に控えた日本社会で、どのような歴史・社会的な意義が「１９６４」に託されているのか。その点を問題意識としたうえで、本章は二〇二〇年東京オリンピックへと向かう日本社会の独特な姿を探る。

1　「2020」へと向かう日本

1940／1964／2020

首都東京でのオリンピック開催は今度で三回目である。そう聞くと多くの人はいぶかしく感じるかもしれない。なぜなら、来たる二〇二〇年のオリンピックは、かつての一九六四年大会に続く二度目の東京オリンピックとして語られがちだからだ。だが実際には、四〇年の第十二回大会の開催都市は東京に決定していた。しかしそれは、「国際情勢が不安定となり中止」に追い込まれ、「幻の東京オリンピック」となった。[1]その意味で、戦後の東京オリンピックは「戦前の幻」を現実化する国家的な試みだったのだ。ところで、戦争へと向かう時代に開催返上となった四〇年の大会が戦後日本で語られることがきわめて少なかったのと比較して、戦後復興・繁栄のシンボルと称される六四年の大会は、これまで多くの人によって取り上げられてきた。開催から半世紀以上が経過した現在でも、それは変わらない。二〇二〇年の東京大会が近づくにつれ、六四年大会はさらに繰り返し語られる。どうしてそれほどまでに「１９６４」は称賛されるのだろうか。

まず指摘できるのは、オリンピックという国際イベントとして東京大会に大きな意義があった点である。それは「アジアで初」となるオリンピック開催であり、大会規模と参加選手数には目覚ましいものがあり、さらに各種競技の模様が世界に中継された「テレビによるオリンピック」であった。創設者クーベルタン男爵が掲げた世界中の若人が集うスポーツの祭典という理念に照らしたとき、東京大会はオリンピックとして大成功だった。次に、開催主体である東京／日本の取り組み姿勢である。敗戦からわずか二十年あまりで復興を遂げた日本は、オリンピック開催を契機に平和国家として国際社会に再び参入する道を模索した。その目的を達成すべく国民一丸となって、スポーツと平和の祭典の準備と開催に取り組んだのだ。その過程でなされた個人・組織・地域のさまざまな努力と苦労は、これまで繰り返し語り継がれてきた。戦後日本にとって一九六四年大会は単なるスポーツイベントではなく、戦渦から立ち上がり発展を遂げた自らの姿を世界に示すための一大国家事業だった。その目標に一致団結して取り組んだ当時の日本人の姿が、いまの人々にとって称賛の的とされるのである。さらに、オリンピックはその後の日本を大きく規定した。大会開催によって国際的な威信を勝ち得た日本は六〇年代後半までに「所得倍増」を成し遂げ、七〇年代に世界経済を震撼させた二度にわたるオイルショックも切り抜け、八〇年代には未曾有のバブル景気に沸くことになる。こうした戦後の一連の発展と繁栄の礎を築いたのが、ほかならぬ東京オリンピックの成功だとされる。

このように一九六四年のオリンピックは、イベントの成功／国民の連帯形成／経済繁栄の実現というそれぞれの点ですばらしかったと記憶されている。だからこそ、それにまつわる成功物語はいまにいたるまで繰り返し語られるのだ。だが、それは実際にあった歴史的事実なのだろうか。それほどまでに「1964」は輝かしい時代／社会だったのだろうか。

上書きされる「歴史」

一九六四年の東京オリンピックについて、これまで多くのことが語られてきた。そこには神話化された「1964」を脱神話化する試みも含まれる。例えば、マスコミ研究の観点からは当時の世論動向が必ずしもオリンピック歓迎一色ではなく、むしろ多くの人は開催直前まで冷ややかな態度だったことが示された。(2) また、オリンピックの歴史研究では大会主催者側の組織的な混乱や、当時の冷戦構造のもとで国際政治をめぐる紛争・対立がオリンピックに色濃く影を落としていたことが指摘されている。(3) また、当時の様子を伝える新聞紙面はオリンピックの開催と成功をことほぐ記事ばかりではなかった。「やっかいな跡始末」というタイトルでオリンピック関連施設の今後の利用をめぐる課題にふれ、開催以前から喧伝されていた経済効果について「あてはずれの観光客」「百貨店・商店街は不振」という見出しで、実際の効果はそれほどではなかったことを冷静に伝える記事などもある。(4) さらに小説やルポルタージュは、一九六〇年代前半の日本社会での首都東京と、そこに労働力＝「金のたまご」を供給する東北地方の経済的・社会的な格差がいまでは想像できないほどに大きく、また同じ東京住民であってもそこに歴然たる階級格差が存在していたさまを描き出してきた。(5)

ここから浮かび上がるのは、東京オリンピックを心から歓迎し、心底楽しみ、そこで利益を得ることができたのは決して「みんな」ではなかったという事実である。このように、当時の生きられた社会の姿をつまびらかに示すことで、「１９６４」の多様な姿に光を当てる言説は、いまではさして目新しいものではない。

だが、従来からのイメージを脱神話化する地道な仕事がありながらも、「２０２０」へと向かういまの日本では、一九六四年東京オリンピックの再神話化とでも呼ぶべき動きが見て取れる。その特徴の一つは、脱神話化が暴き出す事実や史料を前にして「１９６４」のすばらしさをあえてことほぐ点である。そこで求められているのは歴史の検証と言うよりも、より多くの人に受け入れられ分かち持たれるような過去をめぐる輝かしい記憶である。別の言葉でいえば、史実を一つずつ積み上げることで歴史をより緻密に描写するのではなく、これまでの理解を「上書き」するかたちで、自らに都合がいい過去のイメージの再神話化を紡ぎ出そうとする。それは冷静な学問の試みではなく、なにかしらの情動に突き動かされた政治的な企てにほかならない。

栄光＝成功の参照点

いまなぜ、一九六四年の東京大会は再神話化されるのだろうか。そこにどのような思惑や企みが交錯しているのだろうか。近年の「１９６４」をめぐる表象に顕著な特徴は、それが輝かしい栄光の物語として描き出される点である。先に指摘したように、東京オリンピックはイベントの成功／国民の連帯形成／経済繁栄の実現のすべての面で成功した。現在の視点からはそのように評価される。その結果、「１９６４」という時代と社会は、戦後日本を語る際の栄光＝成功の参照点という位置を得ることになる。つまり、それは誇りをもって振り返るべき戦後の輝かしい偉業であると同時に、来たるオリンピックの成功を求められる日本が参照すべき手本でもある。その帰結として、現在の私たちがオリンピックの成功イメージを想像しようとするやいなや、そこに再神話化された過去の時代の姿が必ず影を落とすのである。このことが「1964」が戦後の、そして未来の栄光＝成功の参照点であることの真意にほかならない。

一九六四年に開催された東京オリンピックをめぐる歴史が上書きされ、それが参照点となる現象は単に過去のイメージをめぐる問題にとどまらない。より重要なのは、過去の表象を介して想像／創造された記憶のあり方は、未来の「2020」に向けていま現在の〈わたしたち〉が抱く期待に潜む不可思議さを映し出している点である。「2020」へと突き進む日本社会で「1964」が果たす政治的な意義の内実とメカニズムについて、以下で考えていこう。

2 「ライバルは、1964年。」

広告代理店が描く「1964」

二〇一六年に公益社団法人ACジャパンは「ライバルは、1964年。」というタイトルで「全国キャンペーン」を展開した。このCMは「2020年に向け、日本を考えよう」をテーマに掲げたコンペで採用された、大手広告代理店・博報堂によるものである。一分間の映像内容は、おおよそ以下のとおりだ。冒頭、東京オリンピックでの聖火点灯の映像と「２０２０」を示す数字が映し出される。その数字は一気に過去へとさかのぼり「１９６４」で止まる。マルチタレント星野源が歌う「Hello Song」が流れるなか、当時を生きた人々の姿を捉えたモノクロ写真のスライドショーが映り、そこに星野の次のようなナレーションが重なる。

あの頃の日本人に、笑顔で負けるな。
見る夢の大きさで負けるな。
人を思いやる気持ちで負けるな。
くらしの豊かさだけじゃなく、こころの豊かさでも、ぜったい負けるな。
ライバルは、１９６４年。

ほぼすべて静止画で構成される作品のなかで、二カ所だけ動画が挿入される。そこに映し出されるのは、昭和を代表するコメディアン植木等（一九二六―二〇〇七）の主演映画からのワンシーンだ。そして「ライバルは、１９６４年。」という大きな文字とともにサラリーマン姿の植木が現れ、続いて昭和の子どもたちのイキイキとした表情を収めた四枚の写真がテンポよく映し出され、作品は終わる。

このコンペ採用作品は博報堂の若手クリエーター井口雄大氏（一九九八年入社）、中谷佳保里氏（二〇〇四年入社）、大石将平氏（二〇一四年入社）らが企画・制作した[6]。制作スタッフはコンペテーマ「2020年に向け、日本を考えよう」に取り組むうえで、「元気になれる」や「前向きさ」をキーワードに、昭和の日本と人々を描くことを基本コンセプトに据えた。そこには若手クリエーターが抱く今の日本社会への微かな違和感と、元気だった頃の日本への憧憬が見て取れる。だが、彼らは必ずしも「昔はヨカッタ」と過去を振り返りたかったのではない。むしろ、これから「2020年に向け」なにかしら「前向きなもの」を提起することが、かつての日本を回顧するなかで目指されていた。クライアントからの依頼と要請を受けて制作される通常の広告とは異なり、コンペ方式を採るACジャパンの全国キャンペーンではクリエーターたちが描き、作り、訴えたいメッセージが比較的ストレートに表現されていると理解できる。とかく「元気がない」と形容されがちないまの平成の世への疑問に押されるかたちで、活気に満ちていた昭和を振り返る。そこを起点として「2020年に向け、日本を考えよう」とする発想自体は、いまでは珍しいものではない。作品中で植木が象徴するのは、たとえ困難に見舞われようとユーモアとガッツで軽妙に難局を切り抜ける昭和の「無責任なサラリーマン」の戯画である。そこにあふれる「元気」や「前向きさ」が、いまの時代に欠けているのではないか。そうした疑問と不安を出発点としてオリンピック開催当時の「昭和のあの頃」へと思いを馳せるキャンペーン広告は、栄光の参照点として「1964」を描こうとする近年の戦後表象の典型と言える。

ノスタルジー／レガシー

博報堂の若手クリエーターたちが「元気だった頃の昭和」を描き出そうと企画を練りはじめた当

初、実はオリンピックは必ずしも中心的なテーマとして意識されてはいなかった。だが、映像制作を作り込むプロセスで「聖火台のシーン」を盛り込むこと、ならびに楽曲を星野源に依頼することが決まったという。そもそものコンペテーマが「2020年の日本」を明確に意識している点をふまえれば、企画モティーフに「あの頃＝昭和」を設定した時点で1964＝東京オリンピックが前景化することは必然だっただろう。結果として「ライバルは、1964年。」は、その映像と語りによって間近に迫ったオリンピックを観る人に強烈に意識させるものとなっている。映像末尾に「協力：公益財団法人東京オリンピック・パラリンピック競技大会組織委員会」と記されていることからも、それが二〇二〇年東京オリンピックに向けた広義のキャンペーンであることが確認できる。

ここで興味深いのは、映像を通して喚起される「あの頃の日本」に対する情動が、一元的でないように見て取れる点である。過ぎ去った日々への郷愁＝ノスタルジーだけではなく、ある種の好奇のまなざしや憧憬の念、さらに敬意の思いといったものの複雑な折り重なりがそこに見て取れる。実際に企画・制作に携わったクリエーターたちは、「あの頃の日本」を自らは体験していない。それにもかかわらず、あの時代を回顧／懐古しようとするのは、当時の元気で前向きだった日本に対する憧れや敬意があるからだろう。そうした過去への想いは一部のクリエーターに特異なことではなく、若者を含むより広範な社会層に広く分かち持たれていると推察される。だからこそ「幅広く自由な発想で社会の問題を見つめなお」（ACジャパン・ウェブサイト）すことを目標に掲げた全国キャンペーンとして、「ライバルは、1964年。」は採用されたのである。

単なるノスタルジーにとどまらず、それを体験していない者たちに憧れや敬意を感じさせる昭和に潜む魅力の真髄とは、はたしてどこにあるのだろうか。おそらくそれは「あの頃」における「これから」の確かさに関係している。つまり、元気があった当時の社会だけではなく、その先に予見されていた未来の輝かしさが、現代に生きる私たちが「1964」に魅せられる理由の一つではないだろうか。高度経済成長のまっただなかにあった当時、これからの社会がより一層発展し進歩していくことは当然のように信じられていた。敗戦による荒廃からおよそ二十年が経過した「いま」＝一九六四年は、「過去」＝一九四五年と比べてはるかに豊かになったのと同様に、これから先の「未来」は現在よりも発展している。そのように当時の人々は素朴に確信することができただろう。来たるべき明るい未来への期待が分かち持たれていたからこそ、たとえいまの時点で経済的・社会的な格差があったとしても、その解消に向け未来へと投企することで〈わたしたち〉のあいだに熱き連帯が実感されたにちがいない。

「あの頃の日本」が醸し出す魅力の源泉をこのように理解すると、それがノスタルジーの対象であると同時に、レガシーの範例として受け止められることに何の不思議もない。近年、オリンピックに関して「レガシー」という言葉が頻繁に取り上げられる。そこで唱えられる理念を一言で示せば、オリンピック開催を一時のお祭りに終わらせず、そのあとに遺産を残すような意義あるプロジェクトにすることである。そこで強調される後世に遺産を残すという視点から眺めるとき、一九六四年の東京大会はまさにお手本と言えるだろう。オリンピック開幕に間に合わせるべく急ピッチで進められた都市インフラ（上下水道）や交通網（東海道新幹線・首都高速道路）の整備は、その後の東京だけでなく日本の経済発展を大きく後押しした。新たに作られた競技施設や設備（国立競技場、代々木体育館、日本武道館など）は、オリンピックを契機としたスポーツ振興に多大な貢献を果たした。こうして「1964」は発展・成長が見込まれていた当時の「これから」へと着実に引き継がれ、オリンピック後の日本に多くの財産を残したのである。「ライバルは、1964年。」によって強烈に喚起される東京オリンピックが開催された当時の日本イメージ。それは、いまの〈わたしたち〉にとってノスタルジーの対象であると同時に、レガシーの見本であることに最大の特徴がある。

自らの過去と競うことの真意

「ライバルは、1964年。」が呼びかける「1964」をライバルとみなし、対抗／競合を挑む姿勢は、一見するとごく自然なことのように見える。過去にオリンピックを開催した経験を振り返ったうえで、それ以上の成果をあげる＝「負けない」と宣言することは、来たる「2020」に臨むうえで望ましい態度に思われる。だが、そこに大きな矛盾が潜んでいる。

冷静に考えれば、元気だった日本人が生きた「1964年」にとっての「未来」は、現在私たちが暮らす「いま」にほかならない。進歩と発展が素朴に信じられていた当時、いま（1964）よりも未来が豊かであることは自明の理であったはずだ。その意味で視点／始点を一九六四年当時に置くかぎり、「未来＝二〇二〇」が「いま＝一九六四」と競い合おうとするのはばかげている。なぜなら、そもそも勝敗は明らかだからだ。だが、いまの私たちにとって「1964年」をライバルに見立てることはさほど奇怪に感じられない。その理由は、実際に訪れた未来＝現在では、かつて素朴に思い描かれたような「こころの豊かさ」は実現されていないからだ。当時の人々が抱いた物心ともに豊かな社会が訪れるという期待は、現実の歴史によって裏切られた。そのことの苦い認識があってはじめて、「ぜったい負けるな」という掛け声のもと「あの時」をライバル視することができるだろう。

将来の進歩・発展が信じられる時代であれば、過去から現在を経て未来へと続く時間の流れのなかで、「いま」がかつての「あのとき」をライバルとみなすことは、およそナンセンスな発想である。だが、現在それはごく当たり前に受け止められている。そこに垣間見えるのは、かつて望まれたほどに未来は輝かしいものにならなかったという歴史の事実である。しかし過去をライバル視する姿勢は、そうした厳しい現実を直視するのとはどこか異なっている。なぜなら「あの頃の日本人に、負けるな」との呼びかけには、裏切られた未来に対する悔恨や無念はみじんも感じられないからだ。むしろ繰り返し唱えられる「負けるな」との言葉には、かつての自分＝「元気だった日本」と競い合うことで「未来」へと歩み出そうとする「前向きさ」さえ感じられる。それは過去からの進歩としての歴史がなかば裏切られたにもかかわらず、過ぎ去った「１９６４」を参照点とすることで、「いまこのとき」を無理にでも活気づけようとしているかのようだ。「ぜったい負けるな。ライバルは、１９６４年。」という最後の台詞には、すでに確かなものでなくなってしまった「未来」に向け、現在の〈わたしたち〉を無理やりにでも奮い立たせようとする欲望が見て取れる。

ここまで見てきたように、上書きされた「１９６４」は、「２０２０」を間近に控えた現在の日本社会で独特なイメージを喚起している。それは「これまで」の日本を懐かしむノスタルジーのよりどころであると同時に、オリンピックを迎える「これから」の日本が取り組むべきレガシー作りの源泉ともなっている。それでは、将来のオリンピック開催に際して「ライバル」と目される当時＝一九六四年とは、戦後日本のなかでどのような時期だったのだろうか。その時代を生きた日本人たちは、なにを望み、どこを目指し、どのように生きていたのだろうか。

3　戦後ニッポンにおける「1964」

「夢の時代」——理想から虚構へ

社会学者の見田宗介はかつて、戦後を「理想の時代」（一九四五—六〇年）、「夢の時代」（一九六〇—七五年）、「虚構の時代」（一九七五年—）に区分した。(7) その議論を受けて大澤真幸は「理想の時代」（一九四五—七〇年）、「虚構の時代」（一九七〇—九五年）に続く時期として「不可能性の時代」（一九九五年—）を提示したうえで、戦後日本の社会変容を大胆に論じた。(8) これらの時代区分を参照しながら、東京オリンピックが開催された「１９６４」という時代と社会についてあらためて考えてみよう。見田の分類によれば、オリンピック開催時の日本は「夢の時代」のただなかにあるとされる。そこで人々は、未来の成長や発展を夢見ながら暮らしていた。それに対して大澤は、当時の「夢」が、理想と虚構の双方に引き裂かれていた点に目を向ける。夢とは、いつの日か現実において到達すべき目標である。同時にそれは、決して現実化しえない幻想としての側面を色濃くもつ。

この点をふまえれば「夢の時代」とは、戦後日本に生きる人々の心性において理想（実現すべき夢）がやがて虚構（見果てぬ夢）へと変貌を遂げていく通過点として解釈できる。

オリンピック開催当時を「夢の時代」と理解することで、上書きされた当時のイメージと比較して、実際の社会がより多様な面をもっていたことをあらためて確認できる。なぜなら「夢」とは、一部の人にとって十分に実現可能なものだったとしても、ほかの人にはまさにかなわないがゆえに憧れや羨望の対象だったからだ。同じ社会に暮らしながらも、それぞれが置かれた社会経済的な状況に応じて、夢をめぐるリアリティは大きく異なっていたにちがいない。輝かしい理念を掲げ、社会を変えることを多くの人が信じていた「理想の時代」と、高度消費社会がもたらす豊かさのもとで享楽的な快楽に身を投じていった「虚構の時代」の間に挟まれた「夢の時代」。それは実のところ、理想が虚構へと転じていく戦後日本の重要な過渡期にほかならない。再神話化された「1964」を通してでは見えてこない当時の社会の複雑な現実と深遠なる変容が、そこに確かに存在していた。

「未来」の変貌

大澤が指摘するように、「理想」から「虚構」への時代の推移は、その過程で「反現実の度合いを高めて」(9) いった。現実と反現実との落差の広がりが、そこに明瞭に見て取れる。こうした変化の含意を過去／現在／未来をめぐる時間感覚という視点から考えてみよう。理想は「いまの事実」ではないが、やがて「いつの日か現実」となることが期待されている。つまり、現時点での理想は未来の現実となりうる。そう信じられることが、戦後直後を特徴づけた「理想の時代」の条件であった。それとは対照的に、虚構には、未来における現実化＝実現はそもそも期待されていない。むしろ虚構とはいつまでも実際には起こらないものであり、だからこそいま現在の状況と異なる反現実として楽しむことができる。それゆえ虚構の存在意義は、未来での実現可能性にではなく、現在との同時並行性にあると考えられる。つまり、日常とは異なる別のリアリティとして楽しまれる虚構は、その時制において「別の＝もうひとつの現在」を指向している。ここに見て取れる時間意識は、社会学者の若林幹夫が指摘する今日的な「未来の先行きのなさ[10]」の萌芽とでも呼ぶべき状況だろう。過去からの延長線上に現在を、さらにその先に未来を展望する近代的な時間感覚は、直線的な時間経過のもとで時代は進歩・発展するとの理念と密接に結び付いてきた。そうした未来のあり方がいま大きく変貌を遂げつつある点を若林は鋭く指摘するが、その端緒は「虚構の時代」の全盛期（バブル景気）にすでにあったのではないだろうか。当時、物質的な豊かさを享受しえた社会で、現実／虚構の同時並行に酔いしれていた人々は、その後、バブル崩壊と「失われた二十年」という厳しい現実に直面し、「未来」が決して確かなものでも約束されたものでもないことを痛感させられた。それはまさに「現在と未来の喪失感[11]」と形容すべき事態であった。

　このように考えると、「反現実の度合い」の高まりは、その時代における「未来」のあり方を変えてきたことがわかる。「理想の時代」で未来とは、進歩や発展が約束された「来たるべきこれから」だっただろう。それが「夢の時代」へと引き継がれていくにしたがい、未来は「ありうべきこれから」としての様相を深めていく。やがて「虚構の時代」を迎えると「いかようにでもあるこれから」として、未来は軽妙に消費されていった。だが「不可能性の時代」に至ると一気に反転し、未来は「行くあてなきこれから」として陰鬱に受け止められるようになったのである。

こうした未来の変容という点でも「１９６４」は両義的である。たしかに当時喧伝された「経済の時代」は、近い将来の発展と繁栄（所得倍増）を約束するものだった。だが同時に、それが理想を掲げた「政治の時代」の敗北に続くものであることを、当時の人々は苦さをもって自覚していたにちがいない。だからこそ、そこで約束された豊かさはどこまでも夢であり、やがて虚構へと誘われていく。夢として思い描かれた明るい未来は陽気で楽しげであると同時に、そのとらわれのなさはどこか虚しさを感じさせる。かつての日本を特徴づける「元気だったあの頃」のシンボルとして「ライバルは、１９６４年。」が憧憬する植木等の歌唱には、見田が指摘するように発声法で「なに一つ抵抗」が感じられない[12]。その突き抜けるような歌声とお気楽な歌詞は、過去に対する屈折やこだわりをみじんも意識させない。そこから生み出される陽気さと軽やかさは、当時の「夢の時代」から眺められた未来の姿を雄弁に物語っている。

希望の条件

戦後のそれぞれの時代で未来のもつ意味合いが異なれば、そこでの希望のあり方にも違いがあるはずだろう。なぜなら、人々にとって希望とはいまの時点から将来に向けて託されるものであり、未来の受け止められ方が変われば、社会における希望のあり方も影響を受けると考えられるからだ。こうした観点から、戦後の各時代における「希望の条件」について考えてみよう。

未来での進歩と発展が疑われることがなかった「理想の時代」では、人々は希望に対して信を置くことができた。つまり、希望はごく当たり前に当時を生きる人々に分かち持たれていた。そこに見て取れるのは希望への信望である。やがて理想が夢へと受け継がれていくと、人々にとって希望とは切に願う対象となっていく。それは無条件に信頼できるものではなく、自らが夢の実現に向けて願うべきものとなる。そこには希望への願望が見え隠れする。そして「虚構の時代」に至ると、希望はあらかじめ掲げられた社会にとっての理想や個人にとっての夢へと向かうのではなく、あふれんばかりの豊かさのなかで個人と社会が抱く欲望を喚起するものへと転じていく。そこに立ち現れるのは、希望への欲望とでも呼ぶべき指向性だろう。その後、バブルがはじけて未曾有の不況に見舞われた「不可能性の時代」を迎えると、希望は一気に色あせていく。だがそれは、ただ単にかつての希望がついえたことを意味しない。むしろ、それまで比較的素朴に抱かれていた希望それ自体が、先が見えない未来を前にして根源的な問い直しにさらされたのである。その意味でそこに垣間見えるのは、希望への絶望にほかならない。

敗戦直後から高度経済成長にかけての時期、日本社会に生きる人々は進歩・発展する未来に託された希望を素直に信じ、願うことができた。やがて経済成長によって物質的な豊かさが実現されると、高度消費社会に暮らす人々が抱く希望は、それまでの枠にとらわれることなく、より自由で多様なものへと拡散していった。だが、そのように膨れ上がった希望はバブル景気の終焉とともにはかなく砕け散る。その後に残されたのは、希望をめぐる根深い喪失感と虚無感であった。理想から夢を経て虚構へ至り、やがて不可能性へと転じていく戦後日本の心性変化との関連で希望の条件について考えると、そこに信望・願望から欲望をへて絶望へと至る歴史的プロセスが浮かび上がる。

4 〈希望〉としての二〇二〇年東京オリンピック

熱狂なき盛り上がり

一九六四年大会を栄光の参照点に据えたうえで来たるオリンピックの成功を目指すいまの日本で、東京オリンピックへの期待はどの程度抱かれているのだろうか。内閣府政府広報室が二〇一五年六月に実施した「東京オリンピック・パラリンピックに関する世論調査」の結果によれば、オリンピックへの関心を尋ねる質問に対して「非常に関心がある」との回答は全体の三〇・五パーセントにとどまり、観戦に関する項目で「ぜひ観戦に行きたい」と答えた者は一二・二パーセントにすぎない[13]。ここから見えてくるのは、政府や大会組織委員会の熱心な呼びかけにもかかわらず、世論動向はオリンピックを熱狂して迎えようとする状況とはほど遠いという現実である。しかしながら、オリンピックへの疑問や反論が巷にあふれているかといえば、断じてそうではない。開催まで残り二年半を切り、さまざまな機会に東京オリンピックが喧伝される。そうしたなか、なにかしらの期待を込めてオリンピックをともかく迎え入れようとする気運は、不思議なことに着実に広まりつつある。たしかに調査結果が示すように、来たるオリンピックをいまから待ち焦がれている者は少数だろう。だが同時に、大多数の国民は「なんとなく」あるいは「どうせやるなら」という気分とともにに東京での開催を素直に受け入れ、国をあげてのおもてなし＝ｏｍｏｔｅｎａｓｈｉを目標に掲げ、オリンピックを歓迎しつつある。そこに見て取れるのは、メガイベント開催に向けた「熱狂なき盛り上がり」とでも形容すべき奇妙な風潮である。

「希望がある」ことを願うシニシズム

人々は熱狂するわけでもないのに、来たるオリンピックをどうして迎え入れようとするのだろうか。オリンピックへの反対や疑問の声は巧妙に抑え込まれ、世の中に「なんとなく賛成」の声だけが響き渡っていくのは、どうしてなのだろうか。新国立競技場問題をはじめとして大会準備でのさまざまなスキャンダルが暴露されてきたことを思い起こせば、それはとても奇異に感じられる。だが、そこには確たる理由がある。ここまでの議論をふまえて、その点について考えていこう。

現在、日本に暮らす人々の多くは二〇二〇年東京オリンピックに対して期待をなにかしら抱いているように思われる。その最たるものは、オリンピックに伴う経済効果だろう。政府や関係機関から公表される経済効果の額は時間を追うごとに増大し、ついに東京都の試算では三十二兆円にまで膨れ上がった(14)。そうした事態の推移を一般の人々は冷ややかに見ているのも事実だろう。推進側が喧伝する「先物取引」に対して多くの国民がどこかさめたまなざしをもって応える構図が、ここに見て取れる。だが、それにもかかわらず〈わたしたち〉はどこかでオリンピック開催に引き付けられてもいる。その不可思議な姿を「希望の条件」という観点から考えてみよう。

前節で論じたように「不可能性の時代」を迎え、人々は希望に対して絶望せざるをえない状況に追いやられた。未来は不確かで、リスクに満ちた「これから」としての様相を強めていき、その結果、将来になにかを託す＝希望を抱くこと自体が困難となった。人口に膾炙した「失われた二十年」というフレーズは、そうした時代状況を巧妙に言い当てている。そこで真に失われたのは、かつて当然視されていた「未来」それ自体である。だが他方で、蔓延する閉塞感や行き場のなさからなんとか脱け出し、未来に向けて歩みだそうとする気運も同時に高まりつつある。そのことは「三・一一」以降に「絆」や「がんばろう！」が声高に叫ばれる風潮を見れば明らかだろう。二〇一二年ロンドン大会が「現実戦略の論理」に基づき準備・開催された点を述べたうえで、社会学者の小澤考人は、来たる二〇二〇年の東京大会を「虚構の時代」のオリンピックにすることなく「現実（戦略）的」な視点から望ましい社会のあり方を構築していく貴重な機会として活用する[15]ことが必要であると強調する。そうした議論の背景に、大きなエポックとなった一九九五年（阪神淡路大震災とオウム真理教サリン事件）以降の日本社会のあり方とは異なる「現実（戦略）的な」時代の始まりが予感されているのは、おそらく偶然ではない。

だがここでより重要なことは、若林の示唆にしたがうかたちで「未来」のあり方それ自体が大きな変貌を遂げる時代に私たちが遭遇していることを念頭に入れたうえで、近年高まる現実戦略や未来志向を再検討することだろう。つまり、未来は不確かで信頼し難いことが暗黙の前提となった状況のもと、それでも人々が「これから」の社会になにかしら期待を抱くのだとしたら、いったいそれはどうしてなのか。過去の時代と比べて、どのような特徴や独自性がそこに見て取れるのか。それを明らかにすることが「熱狂なき盛り上がり」という謎を解くうえで不可欠である。「失われた二十年」を経て立ち現れつつある将来への指向性の高まりは、決して「虚構」や「不可能性」という反現実から現実への純真素朴な回帰ではないだろう。現実にはたらきかけて未来を変えることがどこまでも困難であることを十分に自覚したうえで、あえてそれを望む心性がそこに見え隠れする。そのように人々を突き動かす動因とは、とにかくも「未来に希望がある」こと自体を希《こいねが》おうとする心情ではないだろうか。希望への希望＝〈希望〉とでも呼ぶべき不可思議な倒錯がそこに見て取れる。

ここで注目すべきは、為政者やメディアによって演出される今日的な〈希望〉はきわめて作為的だが、人々はそれをうすうす感じ取ったうえで、あえて受け止めるというシニカルな態度である。東京オリンピックをめぐる動向について記した学生たちの次のような言葉は、それを見事に捉えている。

２０２０東京オリンピック／パラリンピックには、いま現在日本に漂う「閉塞感」を打破したいという政治的な意図があるように思います。今、日本ではメディア上でしきりに日本の閉塞感を打ち払い、日本人に自信を持たせるための話題が取り上げられているように感じます(例えば、日本人の職人や事業者が世界で素晴らしい評価を受けている、ということを何度も取り上げたりする、など)。その閉塞感が何から生じているのかは、一言ではとても言い尽くせないでしょうが、少なくとも政府や東京オリンピック／パラリンピックを推進する人々は、それを認識し、打破して、１９６４年の東京オリンピックの頃のように日本が世界から注目されているという状況を作り出したいのではないか、と思います。

2020東京オリンピック／パラリンピックによって、経済が潤ったとすると、震災の復興が進むのではないかと思う反面、オリンピックにばかり目が向けられて、復興事業に全然手がつかないということも考えられるので、〔日本社会は：引用者注〕あまり変わらないのではないかと思う。ただ、日本人選手を皆で応援することにより、国民の連帯意識が向上し、日本は少し明るくなるのではないかと考える。[16]

長期にわたる閉塞感を解消し、明るい未来に向けて大きな一歩を踏み出すことを声高に唱える政治的パフォーマンスと、それに一見素直に応えているかに見える民衆心性（ポピュラーセンチメント）の背景に、いまの時代を特徴づける根深いシニシズムが見え隠れする。

〈希望〉に潜む暴力

熱烈な支持がないにもかかわらず、二〇二〇年のオリンピック開催に向け社会が一体となって突き進んでいくかに見える不可思議な現状について、その背後に潜む〈希望〉の高まりと広まりに注目して考えてきた。次々と明らかにされる不祥事を目の当たりにして、人々は冷ややかな視線を東京オリンピックに投げかける。だが同時に、どうせ開催するならばそれをいいもの・楽しいもの・誇れるものにしたいとの願いを抱きもする。この奇異な現象を生み出す要因として、シニカルな

〈希望〉の漠とした広まりを指摘した。

本気でなにごとかを願うことと、あえてそうすることの間には大きな違いがある。普通に考えれば、前者は後者に比べてより大きな力を発揮すると思われがちだ。だが、「希望がある」ことが個人ではなく集団を担い手としてなかば無意識に追い求められるとき、それは独特な力を発揮する。実のところ誰もオリンピックがもたらす未来を本気で信じておらず、単に気分としてあえて望んでいるにすぎないと想定してみよう。すると皮肉なことに、そこでの集合的な情動の高まりに異を唱え、抗うことはきわめて困難となる。なぜなら、相手が本気で信じ／奉じていないとき、それに対する異議や反論の試みは空転をあらかじめ運命づけられているからだ。二〇二〇年の東京開催が決定して以降、それに疑問を呈して反対する声や運動は決して皆無ではない。だが、オリンピック開催への異議申し立てがより多くの人を巻き込んだ広範な議論を呼び起こすに至っていないのも、厳然たる事実である。その原因の一つは、圧倒的多数の人々は東京オリンピックに対して本気でなく、あえての賛成しかしていないからである。だが、漠然と分かち持たれた〈希望〉を吸引源としてオリンピック開催へと〈わたしたち〉が引き寄せられるとき、そこに潜むシニシズムは異論や反論を驚くほどに許さない。その結果、「オリンピックがやってきた」あとの日本社会の実情や課題と向き合おうとする真摯な挑みは、表面的には寛容だが実のところ冷酷な無関心によって完膚なきまでに無効化されてしてしまう。そこには、本気でなくあえての賛同が発揮する不気味なまでの暴力が満ちている。

〈希望〉に突き動かされるかたちで「２０２０」が祝賀されるとき、実のところ未来は大きく制限されてしまわざるをえない。なぜなら、未来に潜む未決と偶有がもたらす豊かさは、「これまで」の延長線上に「これから」がなにかしらのかたちで位置づけられてはじめて、その歴史的な顕現が可能となるからだ。しかし、現在の「2020」への指向には不思議なまでにオリンピック以後の社会の姿が感じられない。あたかも「2020」を超えた時点の未来は想像不可能であるかのようだ。その理由は若林が鋭く指摘するように、いままさに私たちは「未来の分からない時代(17)」を生き続けているからだろう。たとえ「1964」を参照点に未来へと踏み出そうとしても、そもそも実感をもって「これから」が展望できないかぎり、不気味に膨れ上がった〈希望〉は結局のところはかない夢に終わらざるをえない。長引く閉塞感と絶望の果てに人々が〈希望〉を追い求めた結果、来たる未来それ自体が貧困化していくという「ポスト三・一一」の時代が抱え込んだアイロニーが、そこに冷厳に見て取れる。

注

(1) 東京オリンピック・パラリンピック競技大会組織委員会「東京2020アクション&レガシープラン2016中間報告——東京2020大会に参画しよう。そして、未来につなげよう」二〇一六年

(2) 日本放送協会放送世論調査所『東京オリンピック』日本放送協会放送世論調査所、一九六七年

(3) 石坂友司「東京オリンピックと高度成長の時代」、「年報日本現代史」編集委員会「年報・日本現代史」第十四号、現代史料出版、二〇〇九年、一四三—一八五ページ

（4）「日本経済新聞」一九六四年十月二十五日付
（5）開高健『ずばり東京――開高健ルポルタージュ選集』（光文社文庫）、光文社、二〇〇七年、奥田英朗『オリンピックの身代金』角川書店、二〇〇八年
（6）作成経緯についての記述に関しては、博報堂関係者への筆者によるヒアリング（二〇一七年一月二十八日実施）に基づく。
（7）見田宗介『現代日本の感覚と思想』（講談社学術文庫）、講談社、一九九五年
（8）大澤真幸『不可能性の時代』（岩波新書）、岩波書店、二〇〇八年
（9）同書三ページ
（10）若林幹夫『未来の社会学』（河出ブックス）、河出書房新社、二〇一四年、二〇〇ページ
（11）同書一九九ページ
（12）見田宗介『社会学入門――人間と社会の未来』（岩波新書）、岩波書店、二〇〇六年、八二ページ。当時の人々に広く支持された植木の歌い方は、従来の浪花節・演歌の発声法と対極的だった点に見田は注目する。
（13）内閣府政府広報室「「東京オリンピック・パラリンピックに関する世論調査」の概要」二〇一五年
（14）「日本経済新聞」二〇一七年三月七日付
（15）小澤考人「「虚構の時代」のオリンピック再考」、「総特集　見田宗介＝真木悠介――未来の社会学のために」「現代思想」二〇一六年一月臨時増刊号、青土社、二七六ページ
（16）二つの文章はともに、京都のK大学で担当した講義「社会学（特殊講義）」（二〇一六年度春学期）での授業に対する学生（二年生）によるコメントペーパーからの引用。
（17）前掲『未来の社会学』一九九ページ

第８章 ポスト・オリンピックの憂鬱——日本のスポーツと社会の行方

菊 幸一

はじめに——なぜ「憂鬱」なのか

二〇一五年十月に発足したスポーツ庁は、一七年三月にスポーツ基本法に基づく第二期スポーツ基本計画を策定し、二〇年の東京オリンピック・パラリンピック大会（以下、「２０２０東京」と略記）を挟んだ五カ年間（二〇一七年四月から二二年三月まで）のスポーツ行政施策の全容を明らかにした。[1]これによれば、スポーツを「する」「みる」「ささえる」といった多様な形でのスポーツ参画人口を拡大して、人々がスポーツの力で人生を楽しく健康で生き生きとしたものにし、いわゆる「一億総スポーツ社会」の実現を目指すという。しかしながら、はたしてそのようなことが、たとえ「２０２０東京」が開催されるとはいえ、この五年の間に実現可能なのだろうか。

非日常的なスポーツイベントの最高峰に「２０２０東京」を位置づけるとすれば、これまでオリンピックがどのようにわれわれの日常的なスポーツ活動へ影響し、その成果がどうだったのかが冷静に問われなければならないだろう。また、そのような日常的なスポーツ活動は、過去にスポーツ政策の対象としてどのように「振興」され、今日に至っているのかが検討されなければならない。

本章での結論を先取りして言えば、わが国にこれまで「スポーツ政策」と考えられるものがあったのかどうかを含め、(2) その影響を数値化して目標を立てるほどの計画性と、その実効性への見通しは楽観視できない状況にあるのではないかということである。特に、わが国が二〇二〇年に東京で開催することが決定した、東京オリンピック・パラリンピック大会開催決定に至るスポーツ政策の背景と動向、そして、特にこの大会後に問題とされるわが国のスポーツ政策の課題を考えると、ポスト・オリンピックの「憂鬱」などといった気分にならざるをえないのが正直なところなのである。まずは、「２０２０東京」の開催決定に至るわが国の「スポーツ政策」と呼ばれている歴史的動向からみていくことにしよう。

1　「２０２０東京」に向けたわが国のスポーツ政策の動向

「２０１６東京」招致の惨敗

周知のように「2020東京」の夏季オリンピック開催は、一九六四年の開催から数えて二度目となる。オリンピックの候補地に挙げられたのは、第二次世界大戦前の四〇年にもあったので、候補地として名が挙げられたのはこれで三回目になる。四〇年に予定されていた東京オリンピック大会は、戦争のため日本が辞退し、最終的には中止となった。

一九六四年の東京オリンピック大会は、わが国にとって高度経済成長を推進する絶好の起爆剤とされ、新幹線が走り、高速道路が整備され、社会的なインフラが飛躍的に発展を遂げる契機となった。むしろ、そのためのオリンピック開催だったとも言えるだろう。

しかし、日本のスポーツ界は、「1964東京」招致が決定した一九五八年に、国家によってスポーツ振興を図るスポーツ固有の法律をもっていなかった。そのため、六四年開催の準備として急いで制定されたのが、六一年につくられた「スポーツ振興法」という法律である。結果的には、この法律が二〇一一年に「スポーツ基本法」が制定されるまでの約半世紀もの間、日本のスポーツ政策を支えるものとなった。

ところで、日本は二〇二〇年開催よりも先に、一六年のオリンピック招致を希望したが、その結果は周知のようにブラジルのリオデジャネイロに敗れた。しかし、日本のスポーツ関係者にとって特にショックだったのは、それなりに力を注いだ招致活動であったにもかかわらず、決選投票にさえ残れなかった惨敗だったことだ。

スポーツ政策の観点からこの失敗した招致活動の原因を考えてみると、この招致運動が、すでに時代遅れになっている約半世紀も前の一九六一年に制定されたスポーツ振興法のもとで展開された結果であることが理解できるだろう。確かに二〇〇〇年には、このスポーツ振興法のもとで、ようやく日本で初めて国が策定したスポーツ振興基本計画が施行された。この計画では、当時の文部省が主導したスポーツ行政施策が、十年間のスパンで日本のスポーツ振興の達成目標を設定し、具体的な展開がなされた。しかし、オリンピックを招致するには、より強力なスポーツ関連法が必要とされたということなのである。その意味では、「1964東京」に向けた法整備の必要性というかつての教訓は、「2016東京」招致では生かされなかったことになるのだ。

スポーツ立国戦略からスポーツ基本法へ

そこでわが国では、スポーツ振興基本計画の最終目標年である二〇一〇年八月に、文部科学省が「スポーツ立国戦略」というスポーツ振興の基本戦略プランを発表する。この背景には、先ほど述べた一六年東京招致の失敗も含め、すでにほぼ半世紀を経たスポーツ振興法が国内外のスポーツを取り巻く状況の変化に十分に対応しきれていなかったことがあげられる。それは、具体的には次のような社会情勢の変化に対して、スポーツがどのような社会的役割を果たす可能性があるのかを考えることでもある。

例えば、日本をはじめとする先進諸国は、現在、直面する経済情勢の低迷や政治的不安定、あるいは超高齢社会のよりいっそうの進展に対して、「文化としての」スポーツが果たすグローバルな政治的・経済的課題に及ぼす好影響や、ライフステージに応じたスポーツ機会の創造、あるいは運動到達目標の達成による健康問題への好影響などを期待するようになっている。(3) 社会に好影響を及ぼすことが期待されるこのようなスポーツに対する考え方に基づくと、長らく低経済成長が続きこれが定着する日本社会で、スポーツはこれからの国家のあり方を内外に方向づけるきわめて重要な文化戦略の一環として位置づけられると考えられた。このような、いわば「スポーツ立国」を形成していくためには、新たなスポーツ文化の確立が目標とされ、戦略対象としての人（する人、観る人、支える・育てる人）を重視した五つの重点戦略が、以下のように示されたのである。

①ライフステージに応じたスポーツ機会の創造
②世界で競い合うトップアスリートの育成・強化
③スポーツ界の連携・協働による「好循環」の創出
④スポーツ界における透明性や公平・公正性の向上
⑤社会全体でスポーツを支える基盤の整備[4]

このようなスポーツ立国戦略の策定内容をふまえて、これらを実現していくためには新たな法制度・税制・組織・財源などの体制整備が必要とされた。具体的には、スポーツ基本法の制定、スポーツ事業に関わる免税措置、総合的なスポーツ行政体制（例えば、スポーツ省・庁の設置）、スポーツ振興財源のあり方などの検討が念頭に置かれていたのである。特に、⑤に示された「社会全体でスポーツを支える基盤の整備」の、とりあえずの目標は、「２０２０東京」招致に向けられていたことは間違いないところだろう。

スポーツ基本法の成立とその特徴――「スポーツ宣言日本」との比較から

これまで述べてきたように、日本のスポーツ政策は、一九六一年以来約半世紀の間、その方向性を示してきたスポーツ振興法のもとでの取り組みが終わり、二〇一一年六月に公布され同年八月に施行されたスポーツ基本法にのっとった取り組みに移行した。このスポーツ基本法が示すわが国の二十一世紀におけるスポーツ政策のあり方にとって重要な特徴をまとめると、おおむね次の七つの内容が指摘できると考えられる。(5)

①前文において、「スポーツは、世界共通の人類の文化である」とし、「スポーツを通じて幸福で豊かな生活を営むことは、全ての人々の権利」であるとしたこと。

②同じく前文において、スポーツが「我が国の国際的地位の向上に極めて重要な役割を果たす」としたこと。

③国・地方公共団体の責務を規定すると同時に、スポーツ団体の努力による主体的なガバナンスを要求していること。

④従来のスポーツ振興という用語を用いず、スポーツ推進という用語に統一することで、例えば体育指導委員をスポーツ推進委員に名称変更するなど、「スポーツプロモーション」の概念を全体的に強調したこと。(6)

⑤国、独立行政法人、地方公共団体、学校、スポーツ団体のみならず民間事業者を含めた幅広

い関係者相互の連携及び協働に向けた努力を求めていること。
⑥国は優秀なスポーツ選手や指導者等に対し、生涯にわたってその能力を幅広く活用するための支援や環境整備の促進、その他の必要な措置を講ずるとしたこと。
⑦附則において、スポーツに関する施策を総合的に推進するための行政組織の在り方について検討するとし、政府の行政改革の基本方針との整合性を配慮しつつ「スポーツ庁」の設置に初めて言及したこと。なお、スポーツ庁は、その後二〇一五年十月一日に発足した。

このような特徴からみてみると、スポーツ基本法の内容は、先に述べたスポーツ立国戦略との関係から構成され、特に、「文化」「権利」「地位」「推進」「連携・協働（ガバナンス）」「活用」「スポーツ庁」などが主なキーワードとなって、今後の日本のスポーツ政策が展開されていくことを示したといえるだろう。

しかしながら、その内容をさらに検討してみると、例えば前文で、一方では「スポーツは、世界共通の人類の文化である」「すべての国民がその自発性の下に」（傍点は引用者。以下、同様）としながら、他方では「スポーツは、心身の健全な発達、健康及び体力の保持増進、（略）等のために個人又は集団で行われる運動競技その他の身体活動」とするなど、スポーツに対する捉え方には明らかな矛盾もみられる。なぜなら、この法律における「スポーツ」の概念は、前文では「文化」と言っておきながら、その活動は教育が目指す目的や健康を達成するための「手段」であり、決して自発的なすべてのスポーツ活動を「文化として」指しているわけではないからである。つまり、日本では、国家が定める法律のなかでさえ、いまだに「体育」と「スポーツ」の概念が区別されておらず、当初から教育的な意義をもち、また健康達成の目標を含めてその成果を上げるスポーツ、すなわち「体育」でなければ「スポーツ」として認めないとする考え方でスポーツ政策を進めていることになるのだ。

　これに対して、同じく二〇一一年に、民間のスポーツ組織である日本体育協会と日本オリンピック委員会（JOC）がその創立百周年を記念して宣言した「スポーツ宣言日本――二十一世紀におけるスポーツの使命」には、次のようなスポーツの定義が示されている。すなわち、「スポーツは、自発的な運動の楽しみを基調とする人類共通の文化である。スポーツのこの文化的特性が十分に尊重されるとき、個人的にも社会的にもその豊かな意義と価値を望むことができる」と。

　ここでは、国のスポーツ基本法における「スポーツ」の捉え方の矛盾が、見事に解消されている。なぜなら、「スポーツ宣言日本」の「スポーツ」は、「自発的な」運動の楽しみがなければ、あるいはその「自発性」が尊重されなければ、スポーツ政策の効果を上げることができないという、「スポーツ文化」がもつ固有の政策的特徴といったものが明確に示されているからである。

2　「2020東京」は、その後の日本のスポーツと社会に何をもたらすのか

金メダル獲得ランキング

二〇一一年八月に施行されたスポーツ基本法に基づく具体的な基本計画は、その翌年の一二年三月に策定された。この間、約半年間しか時間をかけないような短期間で、国の重要なスポーツ基本計画が策定されたことになる。わが国で最初のスポーツ関連法である一九六一年に制定されたスポーツ振興法に基づく国の基本計画が、約四十年間を経てようやく二〇〇〇年に「スポーツ振興基本計画」として策定された歴史からみると、そのスピードの違いに驚かざるをえない。約八十倍の時間短縮で「スポーツ基本計画」が作られたことになるからだ。

この違いは、いったい何なのか。これまでのオリンピックをめぐる経緯からすでに推察されるように、このような動きの背景には、二〇一三年九月に決定された「2020東京」招致に間に合わせるために、日本のスポーツ政策推進のための法的整備と、その具体的な計画の公表を急ぐ必要があったとしか考えられない。

その結果、日本ではこれまで示されてこなかった驚くべき目標が設定されることになった。それは、「今後五年間に総合的かつ計画的に取り組むべき施策」のなかの「国際競技力の向上に向けた人材の養成やスポーツ環境の整備」で次のように示された。すなわち、「オリンピック競技大会の金メダル獲得ランキングが、夏季大会では五位以上、冬季大会では十位以上をそれぞれ目標とする」「パラリンピック競技大会の金メダル獲得ランキングが、夏季・冬季ともに直近の大会以上をそれぞれ目標とする」(7)と。

金メダルの獲得ランキングが、国の競技力向上政策の目標になることの意味は、スポーツの結果がもはや国家のプレゼンスや国威発揚と完全に一致していることを示すものだろう。この是非については、さまざまな評価があることが予想される。しかし、国が率先してこのようなランキングを目標とすることは、少なくともグローバル社会で国民国家が求めるナショナリズムの手段としてのスポーツの重要性が、その勝敗の「結果」に焦点化されて評価されるというトップダウン的なスポーツ政策の国家的メカニズムが確立されつつあるということを意味していると考えられる。

これは、何も日本に限った話ではない。二〇一二年のオリンピック・ロンドン大会では、これまであまりメダル獲得に力を入れてこなかった、かのイギリスでさえメダル獲得に躍起になった。それは、メダル獲得によるグローバルな政治的・経済的意味やそれらの波及効果に着目したからにほかならない。ヨーロッパの競技スポーツの研究分野では、このような国家間のメダル獲得競争を指して、実際の軍拡競争と同様なスポーツを通した終わりなき代理戦争という意味合いで"Global Sporting Arms Race"という用語がよく用いられているという。[8]

しかし、アメリカや中国に次いで金メダル第三位となったイギリスのスポーツ関係者は、それでも「ポスト2012ロンドン」の行方は、まったく予断を許さない状況であると述べる。[9] 具体的な理由として、二〇一六年のリオデジャネイロまでの強化予算とスポーツの普及・振興予算は確保されているが、その後の国の予算措置はまったく見えてこないことを挙げる。つまり、政権交代や経済状況などの影響に左右されずに競技スポーツ予算を獲得し続けるためには、常に金メダルランキングが上位であることを求められるということなのだ。実際のところ、イギリスの二〇一六年オリンピック大会の金メダル獲得ランキングはアメリカに次いで二位となり、前回の自国開催よりランキングを挙げる結果となった。

すなわち、自国オリンピック開催で、当該国のスポーツ界は、競技力向上に特化した手厚い予算措置という「はしご」をかけられ、仮にその成果を出したとしても、今度はいつその「はしご」を外されるのか、戦々恐々としていなければならないということなのだ。そして、その不安を払拭するためには、さらに国が求める上位の競技結果を求め続けなければならないという「憂鬱」な事態に陥ってしまうということなのである。

オリンピック自国開催の意義

いったい何のためのオリンピック自国開催なのだろうか。またそれは、スポーツ政策の究極の目標である国民や市民のスポーツ推進にどのような影響を与えるのだろうか。

このような古くて新しい問題が「ポスト２０２０東京」にも必ずやってくることが予想される。政治的には、「２０２０東京」が、特にアジア諸国のスポーツ振興を通じたアジアの平和・共存にどのような影響力を及ぼすかが試されるだろうと思われる。また、経済的には、「２０２０東京」が、これまでの高度消費社会のあくなき利潤追求の延長線上で、一過性の経済的効果を求めることだけに、これまでどおり終始してしまうのかが問われることになるだろう。少なくとも、グローバル経済の進展とともに、持続可能な開発を目指す共生社会では、むしろ持続可能な身体的幸福やＱＯＬ（生活の質）を追求する経済モデルを、スポーツを通して日本がいかにプレゼンスできるのかが試されるからである。

このようなグローバルな政治的・経済的課題の解決に向かうスポーツの役割と、スポーツ政策の課題こそが、いまこそ意識されなければならない。なぜなら、例えば成熟した社会では、自国のメダル獲得よりは、これまでメダルを獲得していない、あるいは金メダルを獲得したことがないアジアの近隣諸国に、メダル獲得のためのスポーツ政策を「ポスト２０２０東京」をにらんで積極的に展開することこそが、前述のスポーツの「憂鬱」を払拭する重要な政策課題ではないのか、と思うからである。[10]

「スポーツ宣言日本」の役割

これに関連して、先に述べた日本体育協会とＪＯＣの「スポーツ宣言日本」では、日本のスポーツが二十一世紀グローバル社会で果たすべき三つのグローバル課題を次のように述べている。

①スポーツは、運動の喜びを分かち合い、感動を共有し、人々のつながりを深める。人と人との絆を培うこのスポーツの力は、共に地域に生きる喜びを広げ、地域生活を豊かで味わい深いものにする。

二十一世紀のスポーツは、人種や思想、信条等の異なる多様な人々が集い暮らす地域において、遍く人々がこうしたスポーツを差別なく享受し得るよう努めることによって、公正で福祉豊かな地域生活の創造に寄与する。

②スポーツは、身体活動の喜びに根ざし、個々人の身体的諸能力を自在に活用する楽しみを広げ深める。この素朴な身体的経験は、人間に内在する共感の能力を育み、環境や他者を理解し、

響き合う豊かな可能性を有している。

二十一世紀のスポーツは、高度に情報化する現代社会において、このような身体的諸能力の洗練を通じて、自然と文明の融和を導き、環境と共生の時代を生きるライフスタイルの創造に寄与する。

③スポーツは、その基本的な価値を、自己の尊厳を相手の尊重に委ねるフェアプレーに負う。この相互尊敬を基調とするスポーツは、自己を他者に向けて偽りなく開き、他者を素直に受容する真の親善と友好の基盤を培う。

二十一世紀のスポーツは、多様な価値が存在する複雑な世界にあって、積極的な平和主義の立場から、スポーツにおけるフェアプレーの精神を広め深めることを通じて、平和と友好に満ちた世界を築くことに寄与する。[11]（傍点は引用者）

そして、「スポーツ宣言日本」では、このようなスポーツにおける三つのグローバル課題を解決していくために、スポーツ政策に携わる関係者ばかりでなく「スポーツに携わるすべての人々は、これからの複雑で多難な時代において、このような崇高な価値と大いなる可能性を有するスポーツの継承者であることを誇りとし、その誇りの下でスポーツの二十一世紀的価値の伝道者となることが求められる」としている。

スポーツ基本法が制定された二〇一一年と同年に、非政府組織（NGO）としての民間スポーツ統括団体が、アジアで初めてこのような宣言を採択した意義は大きい。同じNGOによるオリンピック運動の一環である「2020東京」が、国家(官)の思惑とは異なったグローバルな課題の解決を担う役割を果たすうえで、「スポーツ宣言日本」は大いに参照されなければならないと考えられる。

3 ポスト「2020東京」に向けた日本におけるスポーツ政策の課題[12]

「みんなのスポーツ」から「生涯スポーツ」へ

それでは、これまで述べてきた日本のポスト「2020東京」に向けたスポーツ政策の根本的な課題はどこにあるのだろうか。

それは、歴史的にみれば、「社会体育[13]」の時代から「みんなのスポーツ」の時代を経て、「生涯スポーツ」の時代に至る今日まで、どれだけスポーツが日本人の生活や暮らしのなかで、「リアリティ」がある「生活課題」として受け止められたのか、によると考えられる。確かに、一九八〇年代にヨーロッパからわが国に持ち込まれた「みんなのスポーツ」という理念は、政策的なキャッチフレーズ、つまり「政治課題」としては、それなりに意味があったと思われる。だが、それが「生涯スポーツ」というキャッチフレーズに引き継がれても、このままでは同じく「キャッチフレーズ」にとどまってしまっているのではないか、との危惧を大いに抱かせる。事実、第二期スポーツ基本計画には「生涯スポーツ」という文言が見事に消え去ってしまっている。最後にこのテーマをじっくり考えることによって、ポスト「2020東京」における日本のスポーツ状況に対する「憂鬱」な気分の正体を明らかにしてみたい。

日本の生涯スポーツ――「失われた三十年」?

日本で「生涯スポーツ」という言葉が最初に使われたのは、一九七七年に刊行された『生涯スポーツ――幼児・児童・青年・成人・高齢者のための』(平野薫／粂野豊編著、プレスギムナスチカ)からであり、学術用語としてはまだ四十年ほどの歴史しかない。これが今日、これほどまでに知られるようになったのは、九〇年に当時の文部省が全国の自治体や体育・スポーツ関連諸団体を集めて開催した「生涯スポーツ・コンベンション」という年次協議会を開催してからであり、いわゆる「官製用語」として用いられたからだったといわれている。[14] すなわち「生涯スポーツ」は、その意味内容が十分に吟味されないまま、行政が主導する政策用語(官製用語)としてもっぱら流行したことになるのだ。

しかし一九八〇年前後には、少なくともその学術的な課題が先見的に提示されていたことからもわかるように、生涯スポーツへの需要の高まりと、その質的充実への期待はすでに社会的現象として現れていた。図1は、年間における運動・スポーツの実施状況を表しているが、一年間に最低一回以上のスポーツ実施とはいえ、七九年以降から六〇―七〇パーセント程度を安定的に推移し、二〇〇六年以降はさらに八〇パーセントに届くような新たな状況(段階)に入っていることがわかる。

ところがこの間、量的には高まったかに見える日本のスポーツ人口が、生涯スポーツ社会と呼ぶにふさわしい生活の質（ＱＯＬ）への充実にどれほど関わってきたのかといえば、はなはだ心もとないものがある。わが国には、一九九八年以降十四年間連続して年間三万人以上の自殺者がおり、現在は減少傾向にあるとはいえ、なお高齢者の孤独死、家庭崩壊、いじめなどの社会問題が取りざたされている。

しかし、これらの社会問題や生活課題とリンクして、人間的生の充実を求めるはずの生涯スポーツの理念がこれらの課題と実際にどのように関わるのかは明らかにされていない。また、当のスポーツ関係者（研究者でさえ）も、いたずらに競技スポーツと対比させて生涯スポーツを論じるばかりで、その連続性や共通性を探究し、ライフステージに応じた幅広い文化的享受としてのスポーツ（「する」ばかりでなく「見る」「支える」などの広がりを含めて）を日本社会のなかでモデル化する努力が不足している。

日本では、スポーツをしない理由が、ここ三十年間相も変わらず「カネ・ヒマ・バショ」に集約されてしまうのは、生涯スポーツ政策の失われた三十年を象徴しているのではないだろうか。それは、スポーツをすることが「面倒くさい」と思う気持ちを乗り越えられなかった三十年であったことを示唆しているように思われる。

「生涯スポーツ」への日本的誤解

日本の生涯スポーツをめぐる失われた三十年への第一の課題は、「生涯スポーツ」が官製用語としてのキャッチフレーズだったために、政策的な思惑によってその意味や理念が正確に理解されていないところにある。

一九七〇年代初頭にわが国へ紹介され、一世を風靡した感のあるユネスコ成人教育部長ポール・ラングランの「生涯教育論」は、技術革新がめざましい社会に必要な人材育成がもはや学校期だけでは完結できないから、人びとはその「必要のために」生涯にわたって教育を受け続けなければならないことを説いたものだった。この主張は、あくまで変化する社会への「適応」を重視する教育の論理であり、社会的効用を目指す「手段」としてスポーツを捉える体育論、すなわち健康体力論につながる。だから、この主張によれば、日本の生涯スポーツ論は「生涯体育論」として論じられなければならないはずであった。

ところが日本は、前述したように、歴史上、体育とスポーツの概念を明確に峻別することができない「体育・スポーツ」社会である。そのうえ、行政用語としての「教育」や「体育」も一九八〇年代にあって、すでに脱産業化社会に向かう日本社会には受け入れがたい言葉のイメージがあったためか、「学習」や「スポーツ」という用語に簡単に入れ替えられてしまった。ここに「生涯学習社会」と「生涯スポーツ」という、日本での意味内容や実態とはかけ離れた官製用語が誕生し、その後の生涯スポーツ論とそれに基づく実践に大きな「誤解」を生じさせることになったと考えられる。

「生涯学習論」に基づく生涯スポーツ論とは

それでは、そもそも生涯学習論に基づく生涯スポーツ論とは、どのように論じられなければなら

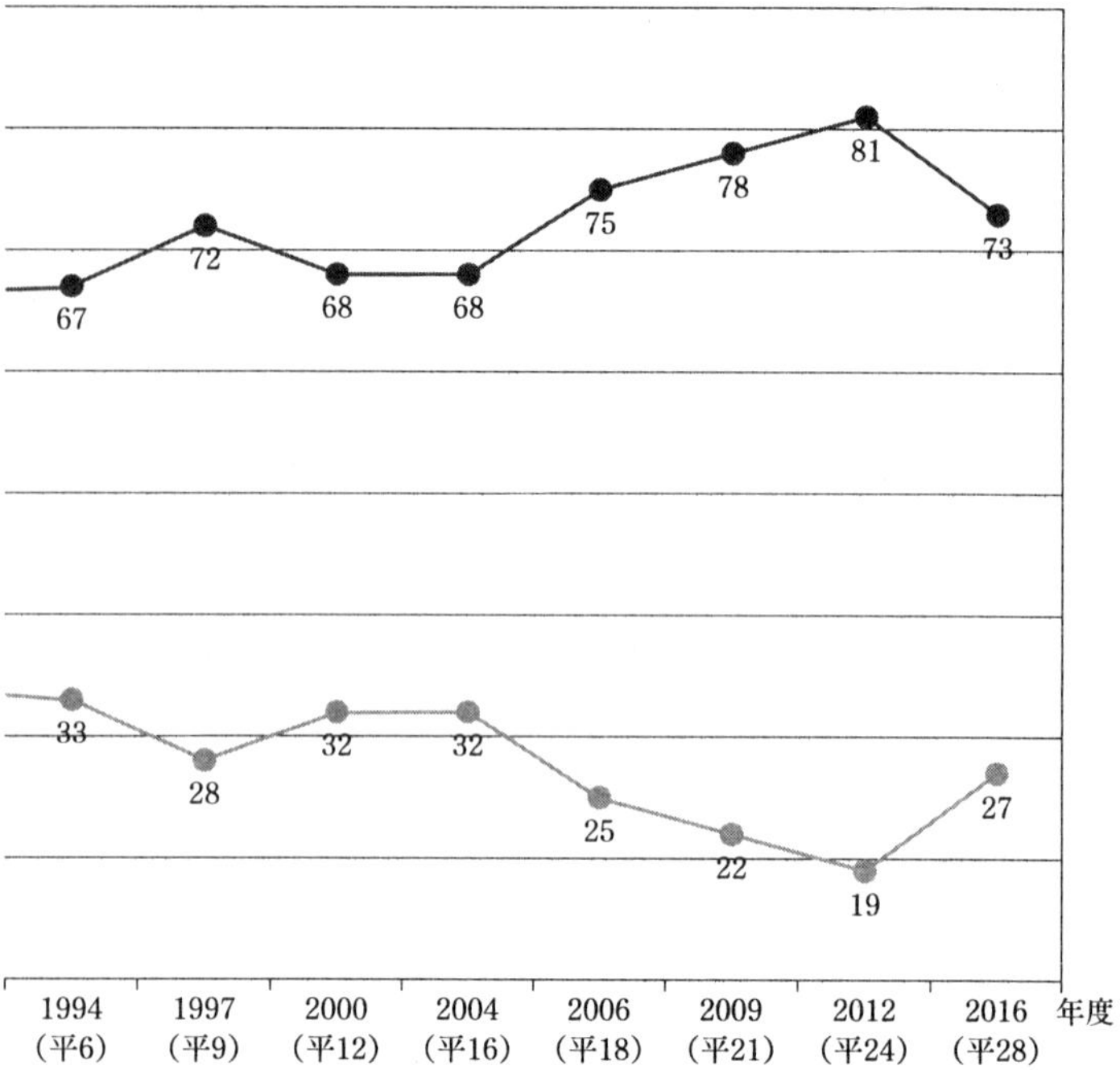
67
72
68
68
75
78
81
73
33
28
32
32
25
22
19
27
1994
(平6)
1997
(平9)
2000
(平12)
2004
(平16)
2006
(平18)
2009
(平21)
2012
(平24)
2016
(平28)
年度

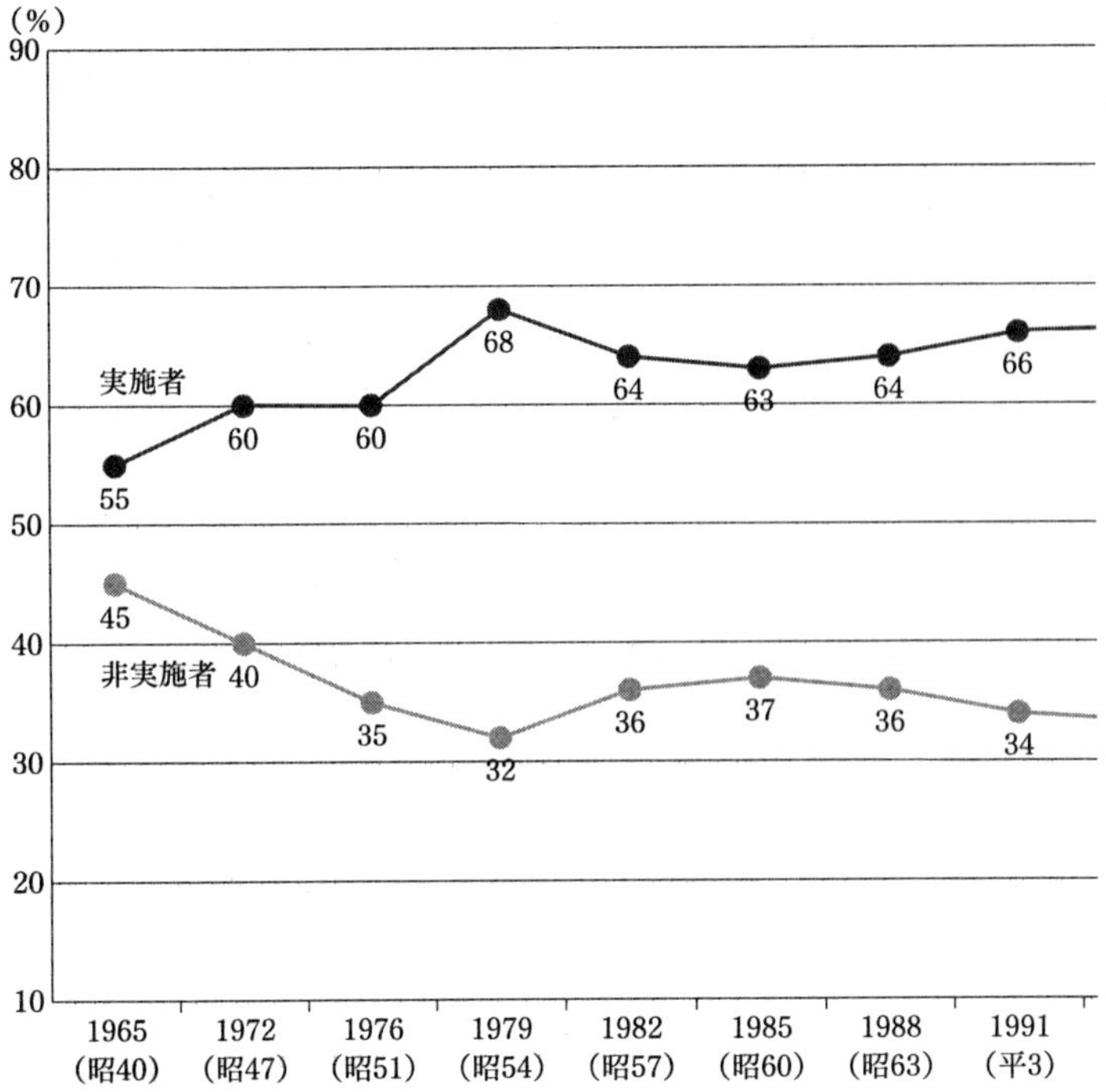

図1　年間における運動・スポーツの実施状況の推移（1965―2016年）
（出典：内閣府「体力・スポーツに関する世論調査」1965―2009年度、文部科学省同調査2012年度、およびスポーツ庁「スポーツの実施状況等に関する世論調査」2016年度）

なかったのだろうか。

アメリカの『グレート・ブックス』の編纂で知られるロバート・ハッチンスによれば、人間の「生涯」とは個々人がその成熟を求める人間的「可能性」の開発の過程であり、社会はそのような「学習」をすべての人に可能とするように構成されなければならないという。すなわち生涯学習論とは、人間的成熟を探究する個々人の「欲求」を出発点とするライフスタイル論であり、各ライフステージでの自発的で自由な課題の設定と、それへの挑戦を可能にする社会の仕組みが整えられること＝「学習社会論」を基盤とした思想なのである。

このような思想に基づく生涯スポーツ論は、これまで数少ない競技エリートや裕福なレジャー階級による文化としてのスポーツの独占を思想的に可能にしてきたアマチュアリズムに対して、大衆スポーツを市民的自立の思想にまで高める新たな思想的根拠を必要としている。しかし現在のところ、そのモデルとなりうるプロフェッショナリズムの思想は未成熟であり、現実にはスポーツを経済的に手段化するコマーシャリズムが横行し、市民によるプレー文化としてのスポーツ享受の価値を単なる消費文化におとしめているのが現状だろう。[15]

また、生涯スポーツを支える組織体制も貧弱であり、わが国では青少年期のスポーツを支える学校や企業にその資本が集中していることから、メインである競技スポーツと比較してマイナーな地位にならざるをえず、施設や指導者、プログラムなどを常に学校や企業、あるいは自治体のスポーツ行政に依存する関係が常態化することになる。

さらに、日本での生涯スポーツの二十一世紀的な政策課題の一つは、ライフスタイル環境としての都市、自然、地域に対応する多様なスポーツライフスタイルを構築する可能性を自己開発していくことだと考えられる。それらを実現するためには、それぞれのライフスタイル環境に応じたスポーツ、すなわち都市でのテクノロジカルスポーツ、自然でのエコロジカルスポーツ、そして地域でのコミュニティスポーツの推進のあり方を、生涯スポーツ政策のビジョンとして本格的に論じていくことが必要だろう。[16]

しかし、日本の生涯スポーツ論は、総じて健康体力論に基づく体育的・効用的な視点から、そのモデルを青少年期の発育発達モデルに依存していて、エイジング（加齢）を恐れ、アンチ・エイジング（若返ること）を称賛する道具・手段になっている。[17]そこには、人間社会の歴史上、やってもやらなくてもどちらでもいい自由な文化だったスポーツが、なぜ今日まで生き残り、生涯にわたって大切な文化にまでなりえているのかについての根本的な考察が不足している。少なくともそこには、青少年期での完成追求を目指す産業社会型モデルを支持する教育としてのスポーツから、脱産業社会における成熟社会型モデルを支持する文化としてのスポーツ論が必要なはずであり、それに基づく生涯スポーツ政策の展開が重要になってくると思われる。

生涯スポーツ社会実現に向けた二十一世紀スポーツ政策ビジョン

さて、すでに二十一世紀も十八年余が過ぎた。しかし、生涯スポーツ社会実現への具体的政策は、いまだに教育や経済、政治といった外部からの手段的論理によって、この三十年間阻まれてきているように思われる。日本の生涯スポーツは、二十一世紀を生きる日本人のかけがえのない文化として根づいているとはいまだに言えない状況にある。その要因は、これまで述べてきたように、スポーツが近代後進国家日本での近代化の歩みを支える手段として、今日まで位置づけられてきたことに起因しているからだろう。

しかし他方、二十一世紀のグローバル社会は、これまでの産業型定住生活圏から離れて、文明・他者・自然と自由に交流する遊牧型（ノマド型）生活として特徴づけられる社会でもある。このような多様な身体的交流を豊かな身体的幸福に向けた文化的享受として実現していくためには、スポーツに関わろうとする自発的なプレー文化を何よりも尊重する思想が、いまこそ日本の生涯スポーツに求められているのではないだろうか。

その意味では、前述したように、ともに二〇一一年に示された文部科学省（官）のスポーツ基本法と、日本体育協会・日本オリンピック委員会（民間）の「スポーツ宣言日本」とによる、それぞれのスポーツの捉え方は対照的である。いずれも、スポーツは「世界（人類）共通の文化」であるとしながら、前者は「〜ために」おこなわれるのがスポーツであると謳っているのに対して、後者は「自発的な運動の楽しみを基調とする」のがスポーツであると明確に宣言しているからだ。

日本での生涯スポーツ社会実現に向けた二十一世紀スポーツ政策ビジョンは、グローバル文化としての自発的なスポーツ需要を基調として、景気の好不況に左右されない確立された文化としての生涯スポーツ需要によって描かれる。そのためには、日本の二十一世紀社会の課題解決に向けて、スポーツの可能性をより望ましい方向に導き、メッセージ化していく民間スポーツ組織からのアプローチやメディアの公共的な役割が、いっそう重要になってくるように思われる。

おわりに――アジアにおけるスポーツプロモーションに共通する課題と「憂鬱」

日本のスポーツ政策の動向や特徴を通じて、ポスト「2020東京」に向けたスポーツ状況に対する「憂鬱」な気分を考えていくと、それは日本ばかりでなく、アジアのスポーツ政策に関する共通の課題としても見えてくるのではないだろうか。

その理由の一つは、現在の「スポーツ」という文化が、近代社会を誕生させた西ヨーロッパ、特にイギリスで生まれた、ある意味「特殊な」身体文化様式をもった歴史的、社会的な文化所産であることを忘れてはならないことにある。[18] 第二次世界大戦後に、ヨーロッパ諸国がいち早くスポーツを移民問題その他の社会問題に対するコミュニケーションツールとして、あるいは社会的基盤を支えるアンダーツールとして、公共政策の対象としえたのは、そのような歴史的・社会的背景があるからだと思われる。

つまり、近代スポーツは、イギリスを中心としたヨーロッパ先進諸国にとって、地域のフォークゲームから発展した、そもそも生活に根づいた地域スポーツだったのである。だから、スポーツ権と呼ばれる法的権利も、すでに一九七〇年代から「ヨーロッパ・みんなのスポーツ憲章」（一九七五年）として堂々と政策的に主張できるわけである。

これに対して、アジア諸国は近代後進国という歴史的宿命を負わされてきた。もちろん、日本をはじめアジア諸国にも、生活に根ざした土着の身体運動文化が地域に存在しているが、それは当然のことながら、イギリス産の「スポーツ」という身体運動文化の様式とは異なる。しかし、アジア諸国は、近代化に「遅れ」をとったという共通の政策課題を背負った以上、その遅れを取り戻すために、あらゆる手立て（手段）を講じなければならなかった。そのため、アジア諸国では、スポーツを学校に取り込み、これを自国の近代化政策の教育的手段として、すなわち「体育」としてスポーツを利用するという共通の政策をとることになったと考えられよう。

これまで「遅れ」をとることは、マイナスの評価を与えられ、「スポーツ」を取り込むことは、その遅れを取り戻す手段として捉えられがちであった。しかし、その「遅れ」は、むしろ日本やその他のアジア諸国にも「スポーツ」とは異なる、生活に根づいた伝統的な身体運動文化があったことに気づかせてくれるようにも思われる。そこには、ヨーロッパにおける「スポーツ」と同様、それに共通する庶民が生活のなかで身体を動かす楽しさや喜びが存在していたにちがいない。

二十一世紀社会は、日本にもアジア諸国にとっても、都市化が進行し、地域が見直され、自然との共生が求められる循環型社会の到来を予感させる。したがって、それらの国々ではスポーツを身体運動文化として幅広く捉え、それらのスポーツ経験が生涯にわたる身体的幸福の追求とその楽しさの享受につながることを、スポーツ政策をめぐる共通の最重要課題としていくことになるだろう。その解決のためには、日本をはじめアジア諸国のライフスタイルに応じた新たなスポーツ思想を提示し、それに沿った新たな組織づくりが、これからの日本に求められる。しかし、「２０２０東京」はいまのところ、残念ながらその契機としてビジョン化されてはいないように思われる。

したがって、戦後二度目の日本での夏季オリンピック開催がもたらすアジアへの影響力も、現状ではきわめて限られたものになるという悲観的な予測が、「憂鬱」な気分をさらに増幅させてしまうのである。

注

（1）文部科学省ウェブサイト（http://www.mext.go.jp/prev_sports/comp/a_menu/sports/micro_detail/__icsFiles/afieldfile/2017/03/23/1383656_002.pdf）［二〇一七年九月十一日アクセス］
（2）菊幸一「スポーツ行政施策からスポーツプロモーション政策へ」、菊幸一／清水諭／仲澤眞／松村和則編著『現代スポーツのパースペクティブ』所収、大修館書店、二〇〇六年、九六―一一二ページ
（3）菊幸一「我が国のスポーツプロモーション」、『公認スポーツ指導者養成テキスト共通科目Ⅱ』所収、日本体育協会、二〇〇五年、三〇―三一ページ
（4）文部科学省ウェブサイト（http://www.mext.go.jp/a_menu/sports/rikkoku/__icsFiles/afieldfile/2010/09/16/1297182_01.pdf）［二〇一七年九月十日アクセス］
（5）前掲「我が国のスポーツプロモーション」二八ページ
（6）わが国におけるスポーツ「振興」という用語には、もっぱら政府や行政が「官」の立場で、人びとをその政治目的のために、スポーツになかば強制的に向かわせようとする政治課題が優先する意味がある。それに対して、スポーツ「推進」という用語は、人びとの生活課題を解決しようとする立場からスポーツに向かう内在的欲求によって、自発的にスポーツに関わろうとする状態を指す意味として

用いられる。しかし日本では、現在、このような二つの用語の意味の違いをあまり意識できていない状況がある。

（7）第二期スポーツ基本計画では、第一期のこの金メダル獲得ランキングを目標とすることから「日本オリンピック委員会（ＪＯＣ）及び日本パラリンピック委員会（ＪＰＣ）の設定したメダル獲得目標を踏まえつつ（略）オリンピック・パラリンピックにおいて過去最高の金メダル数を獲得する等優秀な成績を収めること」と、かなりのトーンダウンがみられる。この変更が何を意味するのかは今後の検討課題だが、少なくとも「過去最高の金メダル数獲得」の背後には、これまでと同様にランキングを意識する国家的な意図が垣間見えることは変わりないだろう。

（8）Bosscher,V.D., et al. eds, "Sports Policy Factors Leading to International Sporting Success." 日本体育・スポーツ政策学会第22回大会プログラム、二〇一二年、七―二五ページ

（9）二〇一四年九月十六日に筆者がおこなったイギリスのスポーツ関係者に対するインタビュー調査による。

（10）菊幸一「東アジアを貫く時間軸とスポーツ政策」、土佐昌樹編著『東アジアのスポーツ・ナショナリズム――国家戦略と国際協調のはざまで』所収、ミネルヴァ書房、二〇一五年、二六二―二六五ページ

（11）『日本体育協会・日本オリンピック委員会百年史』日本体育協会・日本オリンピック委員会発行、二〇一二年、五八二―五八三ページ

（12）本節は、菊幸一「日本の生涯スポーツ――失われた三十年への課題」（「人間会議」第二十九巻、事業構想大学院大学出版部、二〇一三年、九一―九五ページ）をもとに加筆・修正したものである。

（13）「社会体育」という用語は、日本独自のものと考えられる。一九四九年の「社会教育法」に基づき、

社会教育の一環として体育とレクリエーション活動を位置づけてきたわが国では、学校卒業後の一般社会人のスポーツ活動をこのように呼称してきた歴史がある。
(14) 佐伯年詩雄「スポーツプロモーションのビジョン」、佐伯年詩雄監修、菊幸一／仲澤眞編『スポーツプロモーション論』所収、明和出版、二〇〇六年、三ページ
(15) 菊幸一「アマチュアリズムとプロフェッショナリズムをめぐる現代的課題」「現代スポーツ評論」第二十三号、創文企画、二〇一〇年、九二―一〇〇ページ
(16) 前掲「スポーツプロモーションのビジョン」一四―一五ページ
(17) 菊幸一「スポーツと身体の社会学――Physical Happiness を求めて」、聖カタリナ大学人間健康福祉学部編『『風早の塾』現代社会を生ききる叡智――生老病死をこえて」所収、ぎょうせい、二〇一五年、三九―六三ページ
(18) 菊幸一「スポーツ文化論の視点」、井上俊／菊幸一編著『よくわかるスポーツ文化論』(やわらかアカデミズム・〈わかる〉シリーズ)所収、ミネルヴァ書房、二〇一二年、二―五ページ
[付記] 本章は、筆者がウィーン大学で二〇一五年十一月二十六日に講演した内容を論文化した"'Depression' after Tokyo 2020 ? Characteristics of Japan's sport policy and the 2020 Tokyo Olympics & Paralympics" *MINICOMI*, Nr.86, 2017, pp.29-35 (Katrin Jumiko LEITNER との共著) をもとに大幅に加筆・修正したものである。

終章　オリンピックの誕生と世界戦争の危機

小路田泰直

はじめに

二〇二〇年夏期オリンピック・パラリンピック大会の開催地が東京に決まったとき、日本中が歓喜した。安倍晋三首相は、福島第一原発事故は完全に自分たちのコントロール下にあるといい、猪瀬直樹東京都知事は、まれにみるコンパクトオリンピックの実現を謳って開催地決定を勝ち取った。当然ながら、どちらも嘘である。心ある日本人は、多少なりともそのことに恥じらいを感じた。しかし一九六四年大会の成功体験の大きさが、そのような感情を押しのけた。

そしてその瞬間から全国の大学は、オリンピック組織委員会の求めに応じて、大会を盛り上げるべく応援団の役割を買って出ることになった。組織委員会との間に協力協定を結んだ。当然わが奈良女子大学もそれを結んだ。

ただ、いざ応援団の役割を買って出ようとすると、われわれははたと立ち止まった。何をしていいのかわからなくなってしまったのである。そもそも大学に何が期待されているのかが鮮明でなかった。ただ「騒げ」といわれているような気がした。学問の府にふさわしい応援の仕方が、なかなかイメージできなかったのである。しかし、わからなければ自分で考えるしかない。そこで思案を重ねたあげく思いついたのが、オリンピックの歴史をたどり、オリンピックが果たした役割の功と罪をあらためて浮き彫りにするということであった。そのためのシンポジウムを一定の間隔をおいて複数回開き、その成果を世に問うということであった。どこまでも二〇二〇年大会をよきオリンピックにするために、である。そしてその成果が本書なのである。

ただし、私自身はスポーツ史に対して門外漢なので、この間、終始一貫黒子に徹してきた。自らの知見を語るということはせず、ひたすら聞き手に回ってきた。しかし成果を公表する段階になって、一度ぐらいは自分の考えを述べておいてもいいと思い、本章を執筆することにした。

1　オリンピックと世界戦争の時代

私のオリンピックへの関心は、なぜ人はオリンピックのようなことを始め、二十世紀を通じてそれを今日のような巨大スポーツイベントに発展させてきたのかについてである。そこでみておきたいのが、フランス人ピエール・ド・クーベルタン男爵の提唱によって第一回オリンピック大会がアテネで開催された一八九六年前当時の世界のありさまである。その頃は世界戦争の危機が叫ばれていた。

一八九三年、アメリカのシカゴで——コロンブスの「新大陸」発見四百年を記念して——万国博覧会が開催されたが、そのときのテーマは、どのようにすれば人類は世界戦争の危機を回避できるのかだった。人の多様性に対する寛容が謳われ、関連企画として開催された世界宗教会議で、キリスト教中心主義を批判するインドの聖人ヴィ・ヴェ・カーナンダーが一躍脚光を浴びたのも、その課題のためだった。

確かに十九世紀最末期、人類は、世界戦争の危機に直面していた。帝国主義的植民地分割競争がその危機を招くと同時に、民族自決権という考え方の浸透がその危機を増幅していた。ようやく西部開拓時代を終え、一八九〇年にフロンティアの消滅を宣言したアメリカは、以後積極的にアジアへの進出を始めるが、そのとき「門戸開放・機会均等」という外交原則を掲げる。植民地主義を否定し、民族自決権を容認したのである。しかし民族自決権の容認は、それはそれで戦争の危機を増幅した。それによって世界のあらゆる地域が、ただやみくもに主権の絶対性を主張する可能性が強まったからである。

その世界戦争の危機にどのように対処するかの模索が真剣におこなわれているときに、第一回オリンピック大会は開催されたのである。事実、第一回大会開催の前年には日清戦争があり、戦争への足音は確実に高まりつつあった。ちなみにそれがなければ、そのときに世界戦争が起きていたかもしれないといわれる——逆にいうと世界戦争の勃発を十年先に延ばしたともいわれる——日露戦争の勃発が一九〇四年だったことも、われわれは留意しておくべきである。第一回大会が開かれたとき、世界戦争の危機は確実に増しつつあったのである。

十九世紀末、人はなぜオリンピックのようなことを始めたのか。それが、世界戦争の危機を避けるための努力の一環だと思われたからであった。国境を隔てて、へたをすれば兵士として向き合わなくてはならない各国の青年が、スポーツを通じて深く交流しあうことが、戦争を避ける近道だと思われたからであった。古代ギリシャでオリンピックが、相争うポリス間に束の間の平和をもたらした故知に倣おうとしたのである。

2　世界戦争の危機はなぜ起きたか

しかしそれにしても十九世紀末以降、なぜ人類は世界戦争の危機にさいなまれなくてはならなくなったのだろうか。

第一回オリンピック大会が開催されたのとほぼ同時期に、幕末以来の悲願だった不平等条約（治外法権）の撤廃に成功し、それとほぼ踵を接するかたちで日清・日露の戦争へと進んでいった近代日本の軌跡をみることによって考えてみよう。

明治維新以来日本は、日本も西欧諸国と同様の文明国になったことを立証することで、不平等条約の撤廃を実現し、完全な独立を勝ち取ろうとしてきた。だから法典の編纂に力を尽くした。日本でも法の支配と、その下での人権の保証が実現されているといわんがためだった。それこそが文明国の証しと思われたからであった。

また、だから法典の編纂が決して形ばかりのものではないことを証明するために、裁判官への外国人の任用を約束してみたり、編纂した法典の列強による事前チェックを言いだしてみたりもした。しかしそのやり方の卑屈さが、やがて国民の間に条約改正反対の与論を広げるきっかけになった。そしてその条約改正反対の与論が、いつしか本音の吐露となり、外国人の居住区を引き続き居留地に制限し、内地雑居の実現を阻止する「現行条約励行論」へと変化していったのである。むしろ条約改正を望まない与論へと発展していったのである。商工資本家は外国人商人(清国人商人も含む)との自由競争を恐れ、多くの「下層階級」は清国人労働者との自由競争(賃下げ競争)を恐れた。自由よりも保護を求める与論になったのである。

ならばその段階で、文明国としての証しを立てる形での――普遍的な人権の保証を実現することによる――不平等条約の撤廃、ならびに独立の達成は、望むべくもなくなっていた。しかしそれも憲法を制定し議会を開設し、立憲国家になった以上、やむをえなかった。与論は無視できなかったからである。

そこで日本政府は、独立の根拠を、文明国の証しにではなく、当時としては最新の思想、民族自決権に基づかせることを決意した。先に述べたように、民族自決権の伝道師として、さっそうと十九世紀末のアジアに登場したアメリカを外交上のパートナーとし、アメリカの力を背景にイギリスを説得し、治外法権の撤廃を盛り込んだ日英通商航海条約の締結（一八九四年）にこぎ着ける道を選んだのである。

しかしその選択は、日本にとってきわめて重たい選択となった。

まず第一に、日本民族を国家と等身大の民族として、その実在を証明し、他民族との境界を明瞭にしていかなくてはならなくなった。琉球人とアイヌ人もまた日本民族の一員であることを証明し、当然そのことに異を唱えるだろう清国やロシアに対しても、それを承認させなくてはならなかった。

その結果、国境が、国家と国家の契約上の——引き直そうと思えばいつでも引き直せる——境界線から、民族と民族の歴史に基づく固有の境界線に変わった。それをめぐる争いは、従来以上に非妥協的なものにならざるをえなくなった。それは戦争以外の方法では解決できない問題になっていったのである。日本が琉球処分（一八七二年に琉球藩設置、七九年に沖縄県設置）以来かかえてきた、琉球の帰属をめぐる日清間の争いに決着をつけるためには、日清戦争が不可欠ということになったのである。

そして第二に、民族自決権の伝道師アメリカの後援を受ける以上、逆にその「手先」になって、それを認めようとしない欧州列強の植民地主義（帝国主義）からアジアを「解放」する尖兵にならなくてはならなかった。

日本が清国に勝ったことをきっかけに、欧州列強による中国分割が一挙に進行したことは周知の事実だが、そのなかで最も貪欲に振る舞ったロシアの満州への南下に対して、日本はアメリカの盾となって戦わなくてはならなくなったのである。その結果起きたのが日露戦争であった。

かくて、独立を達成するのに、法の下における平等・自由の保証された文明国になることよりも、民族自決権に基づくことを選んだ結果は、この国を日清・日露の戦争に導いたのである。

なぜ十九世紀末以降、人類は世界戦争の危機に、常におびえ続けなくてはならなくなったのか。一言でいうと、日本のような国が急速に増えたからであった。法の下における平等・自由の実現よりも、国家による排他的な保護を求める国民を土台にした国家（民族国家）が急速に増えたからであった。第一次世界大戦後のウッドロウ・ウィルソンの十四カ条による民族自決権の承認は、その帰結だった。小さな戦争の芽を育んだ国が一挙に増え、縦横に合従連衡するようになったからであった。

3　なぜ救いはオリンピックだったのか

しかしそれにしても、世界戦争を回避するための手段が、スポーツの祭典オリンピックの実施だったというのは面白い。では、それはなぜだったのか。

そこで考えなくてはならないのは、なぜ人は十九世紀末以降の産業革命後の時代に、法の下における平等・自由よりも、国家による保護を求めるようになったのか、である。

そこで私が想起するのは、人はなぜ自殺をするかということに対する、クーベルタンと同時代を生きたフランス人エミール・デュルケームの次の説明である。

社会の統合が弱まると、それに応じて、個人も社会生活からひき離されざるをえないし、個人に特有の目的がもっぱら共同の目的にたいして優越せざるをえなくなり、要するに、個人の個性が集合体の個性以上のものとならざるをえない。個人の属している集団が弱まれば弱まるほど、個人はそれに依存しなくなり、したがってますます自己自身のみに依存し、私的関心にもとづく行為準則以外の準則を認めなくなる。(1)

近代において、人がさまざまな身分団体による「統合」から解き放たれ、自由で平等な存在になったということは、取りも直さず人が「私的関心にもとづく行為準則」以外の何ものにも支配されない存在になったということを意味した。しかし「人間が正当に追求することを許される幸福、快適さ、贅沢の量は、どのようにして決めることができるのか」と問えば、結局次のように答えるしかなかった。

人間の肉体的構造のなかにも、心理的構造のなかにも、このような欲求傾向に限界を画してくれるものはなにもない。個人の生命の作用が、それにたいして、ここでとどまらせなければならない、などと要求することはない。(略)人間の感性は、それを規制しているいっさいの外部的な力をとりさってしまえば、それ自体では、なにものも埋めることのできない底なしの深淵である。そうであるとすれば、外部からの抑制するものがないかぎり、われわれの感性そのものはおよそ苦悩の源泉でしかありえない。というのは、かぎりなき欲望というものは、そもそもの意味からして、充たされるはずのないものであり、その飽くことを知らないということは、病的性質の一徴候とみなすことができるからである。限界を画するものがない以上、欲望はつねに、そして無際限に、みずからの按配しうる手段をこえてしまう。こうなると、なにものもその欲望を和らげてはくれまい。やみがたい渇きは、つねにあらたにおそってくる責め苦である。(2)

それは決めようがない。結局、「なにものも埋めることのできない底なしの深淵である」と。したがって何か大きな社会変動、「経済的破綻」がおきると、たちまち次のようなことが起きてしまう。

経済的破綻が生じるさいには、ある個人を、それまで占めていた地位からそれ以下の地位ににわかに突き落としてしまうような、一種の没落現象がみられるものである。したがって、そのような個人は、要求を引き下げ、欲求を制し、前よりもいっそう自制することを学ばなければならない。ことかれらにかんしては、社会のはたらきかけの成果も、すべてむだになってしまう。道徳教育は、もう一度はじめからやりなおさなければならない。ところが、社会はただちに個人を新しい生活に順応させることはできないし、また不慣れなさらに激しい緊張を課することに慣れさせることもできない。その結果、個人は、与えられた条件に順応していないし、しかも、そのような予見でさえもかれに耐えがたい思いをいだかせる。その苦悩こそが、個人を駆って、その味気ない生活――それを実際に味わう以前にさえ――放棄させてしまう当のものなのだ。[3]

人は「なにものも埋めることのできない底なしの深淵である」自らの欲望と、「経済的破綻」のなかで暴力的に加えられる欲望制限の狭間に立たされ、つい、「要求を引き下げ、欲求を制し、前よりもいっそう自制する」新たな「道徳」を学ぶことよりも、「その味気ない生活」を放棄してしまうほう、すなわち自殺を選んでしまうのである、と。これが、人がなぜ自殺をするかということについてのデュルケームの説明だった。

この説明がリアリティーをもって受け止められる時代、それが十九世紀末以降の時代だった。近代の平等・自由が解き放った「なにものも埋めることのできない底なしの深淵」たる欲望が、産業革命によってさらにその深みを増したとき、人はこの世の何事も「味気ない」ものとしか感じることができなくなる。さらには、これも産業革命が原因で起きる、周期的な経済恐慌に対して、「要求を引き下げ、欲求を制し、前よりもいっそう自制する」新たな道徳を獲得して耐える力を失う。

それが、平等・自由よりも、国家による国民の排他的な保護を求める心理――日本でいえば「現行条約励行論」――の醸成につながり、それが、先に述べたような理由によって、さらには世界戦争の危機を育んだのである。

そのことにデュルケームは気づいていた。否、デュルケームだけではなかった。福沢諭吉なども気づいていた。西南戦争の直後の一八七九年に公にした「民情一新」という論考で、福沢は現代政治の原動力を次のように語っていた。

千八百年代には極めて不似合なることなれども、前代に稀にして却て今代に多く、然も三、四十年来欧洲の文明一面目を改めたりと称する正に其時限に当て、特に人心の穏やかならざるは何ぞや。不可思議に似て決して不可思議には非ず。蓋し今の世界の人類は常に理と情との間に彷徨して帰する所を知らず、之を要するに細事は理に依頼して大事は情に由るの風なれば、其情海の波を掲げたるものを尋れば、千八百年代に発明工夫したる蒸気船車、電信、印刷、郵便の利器と云はざるを得ざるなり。(4)

「理」ではなく「情」、「蒸気船車、電信、印刷、郵便の利器」の「工夫発明」によって肥大化した人の欲望こそが、その原動力であると。それがあるから「三、四十年来欧洲の文明一面目を改めたり」――王制は否定され立憲制が一般化した――といえども「人心の穏やかならざる」状態はなくならないのである、と。『学問のすゝめ』段階のおおらかな天賦人権論は、もうここにはない。視点の据えどころはデュルケームと同じであった。

そして福沢は、一八八〇年代後半(明治二十年代)に入ると、次のように述べ、「言語文字を共にし、歴史口碑を共にし、婚姻相通じ、交際相親しみ、飲食衣服の物、都て其趣を同う」することに基づく、さらには「天然の公道」（普遍的正義）にではなく「人間の私情」（排他的感情）に基づく国家、すなわち民族国家の建設を積極的に主導するに至るのである。まさに日清戦争への道を掃き清めたのである。

立国は（略）都て是れ人間の私情に生じたることにして天然の公道に非ずと雖も、開闢以来今日に至るまで世界中の事相を観るに、各種の人民相分れて一群を成し、其一群中に言語文字を共にし、歴史口碑を共にし、婚姻相通じ、交際相親しみ、飲食衣服の物、都て其趣を同うして、自から苦楽を共にするときは、復た離散すること能はず。即ち国を立て又政府を設る所以にして、既に一国の名を成すときは人民はますます之に固着して自他の分を明にし、他国他政府に対しては恰も痛痒相感ぜざるが如くなるのみならず、陰陽表裏共に自家の利益栄誉を主張して殆んど至らざる所なく、其これを主張することいよいよ盛なる者に附するに忠君愛国等の名を以てして、国民最上の美徳と称するこそ不思議なれ。故に忠君愛国の文字は哲学流に解すれば純乎たる人類の私情なれども、今日までの世界の事情に於ては之を称して美徳と云はざるを得ず。(5)（傍点は引用者）

そして、世界戦争の危機の根底に「なにものも埋めることのできない底なしの深淵」たる欲望の解放、さらにはそれゆえに生まれる生の空しさ、死への諦念があったとすれば、それを回避するための方策もまた、無理にでも人に「要求を引き下げ、欲求を制し、前よりもいっそう自制する」感情を植え付ける「何ものか」を作り上げることだった。その「何ものか」が、実はスポーツだったのである。

フランス語が読めない私にとっては小石原美保氏の研究からの孫引きになるが、クーベルタンは、スポーツの本質を次のように捉えていた。

スポーツは、人間にとって自然ではない。それは、最小の努力という動物の掟と形においては矛盾している。したがって、それが発展し、あるいは維持されるためには、物質的便宜を提供するだけでは不十分である。熱意や目算に基づく興奮剤となるものが必要である。(6)

最小限のエネルギー消費で最大限の生を得ようとする、動物としての人の本性に真っ向から反する不自然極まることを、「熱意や目算に基づく興奮」をてこに、しかも個人の「経験」だけを頼りにおこなう行為であると、クーベルタンはそのようにスポーツを解釈していた。

ならばそれは、無意味なもの、無意味な行為を、意味あるもの、意味ある行為に変える力をもっていることになる。ゆえに人の内面に、「味気ない生活」を意味ある生活と感じ、生きるためとあれば「要求を引き下げ、欲求を制し、前よりもいっそう自制する」ことさえ受容する心的態度（忍耐・辛抱）を養う力ももっているはずである。そのための「熱意や目算に基づく興奮剤」の供給源になってくれるはずである。

だから世界戦争を回避する手段の一つはそのスポーツの祭典、オリンピックを開催することだったのである。

おわりに

しかも我々にとって重要なことは、クーベルタンの思いは、彼と同時代を生きた多くの日本人の思いでもあったということである。初代文部大臣森有礼は、人に「要求を引き下げ、欲求を制し、前よりもいっそう自制する」こと＝道徳を教えることの困難さを自覚し、次のように述べていた。

道徳ヲ教フルノ法ハ、人ノ心裏ニ正邪善悪ノ別ル、所ヲ説キ、人ヲシテ正善ニ就キ、邪悪ヲ避ケシメ、而シテ初学ノ者ニハ、専ラ実例ヲ挙ゲテ、其心ニ感動セシメ、以テ其行為ヲシテ、正善ノ慣習ヲ得セシムルニ在リ。故ニ其主トスル所ハ、思想、未ダ定マラズ、性質、未ダ熟セザル者ヲ誘掖スルニ過ギズ。(7)（傍点は引用者）

幼児や児童ならともかく、一定の年齢に達した人間に道徳教育を施すことは困難を極めるとしている。では、人に道徳心をもたせようとすれば、どうすればいいのか。彼もまたスポーツに頼ったのである。けだしスポーツを学ばせれば、人はおのずから「怯弱ヲ恥ジ屈辱ヲ悪ムコトヲ知リ」、さらには忍耐力や強調性を獲得するからだった。彼が帝国大学の設置にあたって兵式体操を導入したゆえんであった。

一九〇九年、早くも嘉納治五郎が、日本人として初めてＩＯＣ委員に就任するが、それは決して特異なことではなかったのである。

注

（1）デュルケーム『自殺論』（中公文庫）宮島喬訳、中央公論社、一九八五年、二四八ページ
（2）同書三〇一―三〇二ページ
（3）同書三一〇ページ
（4）福沢諭吉「民情一新」、『福沢諭吉全集』第五巻所収、岩波書店、一九五九年、四一ページ
（5）福沢諭吉「瘠我慢の説」、『福沢諭吉全集』第六巻所収、岩波書店、一九五九年、五五九―五六〇ページ
（6）クーベルタン「スポーツ教育学」（一九一九年）、小石原美保『クーベルタンとモンテルラン――二十世紀初頭におけるフランスのスポーツ思想』所収、不昧堂出版、一九九五年、四七ページ
（7）森有礼「倫理書」、『森有礼全集』第一巻所収、宣文堂書店、一九七二年、四二一―四二二ページ

参考文献

小路田泰直「教育としてのスポーツと「死」――「死」と向き合う社会との関係から」「スポーツ社会学

研究」第二十一巻第二号、日本スポーツ社会学会、二〇一三年、三―一二ページ
小路田泰直『近代日本における歴史学の制度化と歴史学部の不在に関する研究』（平成十三年度―平成十五年度科学研究費補助金（基盤研究（C）（2））研究報告書）
小路田泰直『日本史の思想――アジア主義と日本主義の相克』柏書房、一九九七年
ジョン・J・マカルーン『オリンピックと近代――評伝クーベルタン』柴田元幸／菅原克也訳、平凡社、一九八八年

菊 幸一（きく・こういち）
1957年生まれ
筑波大学体育系教授
専攻はスポーツ社会学、体育社会学、スポーツ政策論
著書に『「近代プロ・スポーツ」の歴史社会学』（不昧堂出版）、編著に『現代スポーツは嘉納治五郎から何を学ぶのか』（ミネルヴァ書房）、共編著に『「からだ」の社会学』（世界思想社）など

小石原美保（こいしはら・みほ）
1963年生まれ
国士舘大学非常勤講師
専攻は体育・スポーツ史
著書に『クーベルタンとモンテルラン』（不昧堂出版）、共著に『スポーツ』（ミネルヴァ書房）など

井上 俊（いのうえ・しゅん）
1938年生まれ
大阪大学名誉教授
専攻は文化社会学、コミュニケーション論
著書に『死にがいの喪失』（筑摩書房）、『遊びの社会学』（世界思想社）、『武道の誕生』（吉川弘文館）、『スポーツと芸術の社会学』、編著書に『現代文化を学ぶ人のために 全訂新版』（ともに世界思想社）など

坂上康博（さかうえ・やすひろ）
1959年生まれ
一橋大学社会学部教授
専攻はスポーツ史、スポーツ文化論、社会史
著書に『昭和天皇とスポーツ』（吉川弘文館）、『権力装置としてのスポーツ』（講談社）、『スポーツと政治』（山川出版社）、共編著に『幻の東京オリンピックとその時代』（青弓社）など

内田隆三（うちだ・りゅうぞう）
1949年生まれ
東京大学名誉教授
専攻は現代社会論
著書に『ベースボールの夢』（岩波新書）、『探偵小説の社会学』『ロジャー・アクロイドはなぜ殺される？』（岩波書店）、『乱歩と正史』（講談社）、編著に『現代社会と人間への問い』（せりか書房）など

阿部 潔（あべ・きよし）
1964年生まれ
関西学院大学社会学部教授
専攻は社会学、メディア／コミュニケーション研究
著書に『スポーツの魅惑とメディアの誘惑』『彷徨えるナショナリズム』（ともに世界思想社）、『日常のなかのコミュニケーション』（北樹出版）、『監視デフォルト社会』（青弓社）など

［編著者略歴］
小路田泰直（こじた・やすなお）
1954年生まれ
奈良女子大学副学長
専攻は日本近代史
著書に『日本憲法史』（かもがわ出版）、『卑弥呼と天皇制』（洋泉社）、『日本史の思想 新装版』（柏書房）、編著に『日本史論』（敬文舎）など

井上洋一（いのうえ・よういち）
1958年生まれ
奈良女子大学研究院生活環境科学系教授
専攻はスポーツ法学
共著に『導入対話によるスポーツ法学』（不磨書房）、『標準テキスト スポーツ法学』（エイデル研究所）、『スポーツの法律相談』（青林書院）、編著に『21世紀スポーツ大事典』（大修館書店）など

石坂友司（いしざか・ゆうじ）
1976年生まれ
奈良女子大学研究院生活環境科学系准教授
専攻はスポーツ社会学、歴史社会学
著書に『現代オリンピックの発展と危機1940-2020』（人文書院）、共編著に『〈オリンピックの遺産〉の社会学』（青弓社）、『オリンピックが生み出す愛国心』（かもがわ出版）、共著に『幻の東京オリンピックとその時代』（青弓社）など

［著者略歴］
和田浩一（わだ・こういち）
1968年生まれ
フェリス女学院大学国際交流学部教授
専攻は体育・スポーツ史
共編著に『体育・スポーツ・武術の歴史にみる「中央」と「周縁」』（道和書院）、論文に「駐日大使オーギュスト・ジェラールとオリンピック・ムーブメント」（「講道館柔道科学研究会紀要」第15輯）など

〈ニッポン〉のオリンピック
日本はオリンピズムとどう向き合ってきたのか

発行——2018年2月28日　第1刷
定価——2600円＋税
編著者——小路田泰直／井上洋一／石坂友司
発行者——矢野恵二
発行所——株式会社青弓社
〒101-0061 東京都千代田区神田三崎町3-3-4
電話 03-3265-8548（代）
http://www.seikyusha.co.jp
印刷所——三松堂
製本所——三松堂

ISBN978-4-7872-3431-5 C0036